Als Mariner in

Glückstadt

... oder: die Mondscheinkompanie

von

Roland Blatt

© 2024. Alle Rechte liegen beim Autor.

Satz und Umschlag: Robin Behrendt, Rendsburg
Verlag: BoD · Books on Demand GmbH,
Überseering 33, 22297 Hamburg, bod@bod.de
Druck: Libri Plureos GmbH,
Friedensallee 273, 22763 Hamburg
ISBN: 978-3-8192-3145-2
Bilder: RB, LB, Eggert, Schmalz, CHP, Bluhm,
Hentschel, div. Postkarten u.a.

Die bisher erschienenen Titel von Roland Blatt:

Auf der GORCH FOCK ... gestrandet in Portugal – und andere Geschichten aus der Backskiste
ISBN: 978 - 3 - 8448 - 8183 - 7

Auf dem Schulschiff – und andere Geschichten aus dem Seesack
ISBN: 078 - 8482 - 0509 - 7

Als Minensucher im Kalten Krieg –
Zwanzig Monate auf KM-Boot KOBLENZ
ISBN: 978 - 3 - 7347 - 9626 - 5

Zur See und auf den Wellen – Gedichtband
ISBN: 978 - 3 - 7460 - 7659 - 1

Schleswig-Holstein Geschichte kurz und bündig
ISBN: 978 - 3 - 8482 - 0930 - 9

Die Erfahrung der Senioren mit Damen und Motoren
ISBN: 978 - 3 - 7519 - 5652 - 9

1866 – Ein vergessener Krieg
ISBN: 978 - 3 - 7412 - 9297 - 2

Einhand unterwegs zwischen Ems und Elbe
Unterm Rentnerkreuz ... und andere Geschichten
        von Booten, Wind und Wellen
ISBN: 978 - 3 - 7568 - 4100 - 4

Dieses Buch ist gewidmet allen Marinern, die einstmals in Glückstadt stationiert waren, im Besonderen jedoch meinen Kameraden der Marineoffizierscrew IV/1966 und darüber hinaus auch allen Freunden dieser liebenswerten Kleinstadt am rechten Ufer der Unterelbe.

Der Autor

Norderstapel, im Januar 2024

Einst ging ich zum Bund, Abteilung Marine.
In Glückstadt gab´s ranzige Wurst, dazu Margarine,
Gewehrdrill, Formaldienst und Dosenschwarzbrot,
erst abends im Feldbett war alles im Lot.
Ich ziehe das durch, ich hab mir´s geschworen,
denn bei der Marine geht keiner verloren ...

Das Blauzeug Marine hing immer ganz tief
im Spind, man trug dort zum Stiefel meist NATO-Oliv.
Die Hosen zu groß und die Jacken zu weit,
die Stahlhelme drückten ... die Scheitel fast breit.
Das alles berichten ... die Kommentatoren,
doch bei der Marine geht keiner verloren ...

Am Montag ging es hinaus ... nach Nordoe
zum Landkampf, ein einsamer Balken war da unser Klo.
Nachts schlief man zu zweit ... im winzigen Zelt,
in voller Montur, fernab von der Welt.
Ich fror an Händen, an Füßen und Ohren,
doch bei der Marine geht keiner verloren ...

Als Mariner in Glückstadt

... oder: Die Mondscheinkompanie

Anfang 1966 kam das Schreiben von der Bundeswehr, mein Antrag auf Eintritt in die Zeitoffizierslaufbahn bei der Marine hatte Gehör gefunden. Beiliegend war die Einladung zur Offiziersbewerberprüfzentrale Köln nebst Zugfahrkarte 2. Klasse, hin und zurück.

Die Abiturprüfungen im Völklinger Realgymnasium hatten noch nicht begonnen, eigentlich hätte gründliche Vorbereitung Not getan, aber drei schulfreie Tage hatten für mich immer einen besonderen Reiz. So fuhr ich Ende Januar nach Köln, das Wetter war grottenschlecht, und die schmutzigen Reste von Schnee lagen noch umher. Die Kaserne in Köln, die Mudra-Kaserne, in der ich mich zu melden hatte, war ebenso grau und trist, doch pünktlich um 1300 Uhr dieses trüben Mittwochs war ich vor Ort und harrte in einer schwach möblierten Stube der Dinge, die nun auf mich zukommen sollten.

Noch am selben Tage ging es los: Eine erste körperliche Besichtigung im Adamskostüm und einige bürokratische Hürden waren zu überstehen, und die Unterkunft wurde geregelt, es gab Einweisungen und Verpflegung. Abends, als sich die Kaserne nach Dienstschluss geleert hatte, zog es mich zuerst einmal in die Kölner Innenstadt, um zusammen mit einem „Leidensgenossen" ein Bier auf den Erfolg dieser Veranstaltung zu nehmen.

Am Donnerstagmorgen begann die Prüfung nun richtig: Von interessiertem, vielköpfigem Publikum genauestens observiert, demonstrierten wir in der Sporthalle all unsere Sportfähigkeiten: Bodenturnen, Circuittraining, Übungen der diversen Art wie Stangenklettern und Seilklettern, Basketball und Handball – eben das ganze Programm, womit mich mein Schulsportlehrer üblicherweise auch langweilte. Fußball, was mich interessiert hätte, war leider nicht dabei. Dennoch alles, um einen möglichst guten Eindruck zu vermitteln, mit Einsatz, Anstrengung und Schnelligkeit. Und genau deshalb hatte ich mir beim Seilklettern die letzten 15 Zentimeter bis zur Hallendecke geschenkt – ein ganz schwerer Fehler, der den scharf beobachtenden Offizieren und den zivilen Psychologen nicht verborgen blieb und der mich danach mehrfach in Erklärungsnot bringen sollte.

So gewarnt begann am frühen Nachmittag dieses Tages das schriftliche Programm: Kurze Tests, Grafiken, die zu entschlüsseln waren, kleine Aufsätze zu verschiedenen Themen und Mini-Nacherzählungen, die zu schreiben waren, sowie diverse kleine Rechenaufgaben und Physik-Verständnistests, die unter Zeitdruck zu absolvieren waren. Alles etwas anders als in der Schule, aber reichlich anstrengend und manchmal auch verwirrend. Was davon richtig oder falsch war, das war meinerseits kaum einzuschätzen und trübte die Laune des Abends.

Der folgende Freitag brachte Neues und Ungewohntes: Wir Kandidaten wurden von den Prüfern einzeln und in Gruppen befragt, und am Ende mussten sich die Kandidaten - offensichtlich psychologisch hoch wichtig - sogar gegenseitig befragen. Ein sogenanntes Roundtable-Gespräch schloss diesen Teil der Prüfung ab: Alle sieben

Marine-Kandidaten wurden um einen runden Tisch platziert, ein Thema wurde vorgegeben, dann wurden wir uns selbst überlassen. Mir war sofort klar, was hier verlangt war: Einsatz und Durchsetzungsvermögen in der freien Diskussion.

Deshalb übernahm ich – ungefragt, aber auch nicht behindert – schon bald den Vorsitz an diesem Tisch, ich machte den Moderator sowie den Diskussionsleiter und sah zu, dass sich mein eigener Diskussionsbeitrag kurz, entschlossen, aber zielführend und bestimmend zeigte. Eigentlich ist das sonst eher nicht so meine Art, aber in diesem Augenblick schien mir das ganz wesentlich zu sein.

Am Samstagmorgen konnten wir sieben Probanden von der Abteilung Marine es ruhiger angehen lassen. Einige Aufgaben waren zwar noch zu erfüllen, dann wurden alle zuvor an uns ausgegebenen Ausrüstungsgegenstände wieder eingesammelt, und gegen Mittag wurden wir nach einem Abschlussgespräch, in dem mir erneut meine geringe Auslassung beim Seilklettern vorgehalten wurde, entlassen - mit dem Hinweis, dass uns das Endergebnis schriftlich mitgeteilt werden würde. Mit gemischten Gefühlen verabschiedete ich mich von den anderen 6 Prüfungskameraden, die, so wie ich auch, zur Marine wollten, bestieg im Kölner Hauptbahnhof den Zug und begab mich bei jetzt besserem Wetter auf die Heimfahrt. Der erste Schritt war getan, oder?

Anfang Februar wurden die schriftlichen Abiturarbeiten geschrieben: in den Hauptfächern Deutsch, Englisch, Französisch, Mathematik, jeweils über 5 Stunden. Ende Februar lagen die Ergebnisse vor: Die Vornoten waren durchschnittlich gewesen, meine Prüfungsnoten waren es nun auch. Also: im Prinzip bestanden mit mittelmäßigem Ergebnis, und deshalb war eine zusätzliche mündliche Prüfung unausweichlich. Und für mich bedeutete das zu meiner Überraschung: Prüfung in Deutsch und Musik.

Im März 1966 kam das Schreiben aus Köln:

Personalstammamt der Bundeswehr   3.3.1966

Köln

Neumarkt 49

Sehr geehrter Herr Blatt!

Ihre Einstellung als Offiziersanwärter für den 4.4.1966 zum

3. Marineausbildungsbataillon Glückstadt/Holstein ist vorgesehen. Der Einstellungsbescheid geht Ihnen demnächst zu. Ich bitte bis dahin um Geduld.

Hochachtungsvoll!

im Auftrag   Tellbrügge

Bestanden! Einberufung nach Glückstadt/Unterelbe zum 3. Marineausbildungsbataillon, 5. Kompanie. Wen von den 6 Mitstreitern in Köln würde ich wohl wiedersehen? Um es vorweg zu nehmen, es waren nur zwei: der verschmitzte Harald aus Kirn und der gestandene Seebär Gerd aus Bremen.

Damit war für mich alles klar, um einen Studienplatz brauchte ich mich nun nicht mehr zu kümmern, ich war für die unfassbar lange Zeit von vier Jahren versorgt und verplant. Nun galt es aber, das Abitur mit Anstand zu Ende zu bringen.

In den folgenden zwei Wochen ging der Unterricht weiter, obwohl im großen Ganzen „die Luft heraus" war. Nur in Mathematik wurde es noch einmal spannend, als wir im Unterricht die Sphärische Trigonometrie – also Berechnung von gebogenen Dreiecken – zum Thema hatten. Immerhin fand ich es möglich, dass mir diese Kenntnisse bei der Marine noch einmal von Nutzen sein könnten.

Doch der Höhepunkt dieser letzten Tage war der Augenblick, als das Abitur, übrigens für alle in meiner Schulklasse, seine Fortsetzung nahm, diesmal aber in der direkten wörtlichen Auseinandersetzung mit zwei oder mehr Prüfern.

Dennoch verlief das „Mündliche" ausgesprochen gut. Ich hatte mir einen Plan gemacht, die Prüfer ließen sich von mir führen, und die Themen hatte ich so gewählt, dass sie Interesse erregen mussten. Alles war gut, und genau so waren danach auch die Noten in beiden Fächern.

Damit war das Thema „Schule" für mich abgeschlossen. Mein Notenschnitt war durchschnittlich, aber damals interessierte das niemanden und mich schon gar nicht. Einen „Numerus Clausus" gab es noch nicht, und für mich standen ohnehin andere Dinge an. Denn für mich hieß es nun: Endlich in Freiheit - weg von „zu Hause", hinaus „in die Welt", auf und davon „zu neuen Ufern"! Und die hoffte ich, bei der Marine zu finden.

Ein weiteres amtliches Schreiben traf ein, diesmal direkt vom 3. Marineausbildungsbataillon. Da warf nun die Grundausbildung, der alle jungen Rekruten unterworfen waren, ihre Schatten voraus. Es war zu lesen:

Lieber junger Kamerad!

1. Bringen Sie außer der bürgerlichen Kleidung, die Sie zur Reise tragen, keinerlei weitere Bekleidung mit. Sie werden hier von Kopf bis Fuß eingekleidet.

2. Vergessen Sie nicht:
    a. Einberufungsschreiben
    b. Lohnsteuerkarte 1966
    c. Abschriften Reifezeugnis, Geburtsurkunde, sofern noch nicht abgegeben.
Geben Sie Ihre Fahrkarte und Zuschlagskarte bei der Bahnhofssperre n i c h t ab. Abrechnungsbeleg!

3. Zur persönlichen Ausrüstung sollten gehören:
Schwamm oder Waschlappen, Seifendose mit Seife, Kamm, Haarbürste, Nagelreiniger, Nagelschere und Rasierzeug, dazu ein Kugelschreiber, Briefpapier, zwei Vorhängeschlösser und 10 Kleiderbügel.
Dann folgten die Punkte, die zwar von untergeordneter Bedeutung waren, aber mit dem folgenschweren Satz endeten:
Des Weiteren: keine Alkoholika, erwünscht sind jedoch leicht transportable Musikinstrumente...

Das Schreiben endete mit Punkt 13:

Ihre neue Anschrift im privaten Schriftverkehr lautet innerhalb der Bundesrepublik Deutschland und mit Personen in Ländern außerhalb des kommunistischen Machtbereichs:

Matrose (oder Herrn)
Roland Blatt
2208 Glückstadt
Am Neuendeich 49

Im privaten Schriftverkehr mit Personen in Ländern des kommunistischen Machtbereichs darf kein Hinweis auf die Zugehörigkeit zur Bundeswehr gegeben werden. Lassen Sie die Briefe weiterhin an Ihre Heimatanschrift senden und bitten Sie Ihre Eltern, Ihnen diese Briefe nachzuschicken. Dieses Schreiben ist zum Dienstantritt mitzubringen.

Junge, Fregattenkapitän und Bataillonskommandeur des 3. Marineausbildungsbataillons Glückstadt.

Auf der Zugfahrt in den Norden hatte ich bei meinen Großeltern in Hameln Station gemacht. So war der letzte Teil der Reise nicht mehr sehr lang, bereits am späten Vormittag des 4.4.1966 traf ich per Bahn in Glückstadt ein und machte mich auf den Weg zur Kaserne, ganz am nördlichen Ende dieses kleinen Städtchens an der Elbe gelegen.

Die regennasse Straße, die ich entlang ging, hieß nicht ohne Grund „Am Neuendeich", denn diese führte genau am Fuß des zur Linken befindlichen, von einem maroden Weidezaun gekrönten Deichs entlang, der - kahl, hoch und für mich äußerst befremdlich - jegliche Sicht auf die Elbe versperrte. Die lückenhafte Bebauung zur Rechten dagegen ermöglichte gelegentlich den Blick in die weiten Flächen der Elbmarsch, die sich noch in winterlicher Tristesse zeigten.

Die Straße Am Neuendeich - rechts das Offiziersheim, im Hintergrund links die Blocks der Kaserne.

12

Die Adresse, der ich zustrebte, hieß: Am Neuendeich 49. Und die Kaserne war auch nicht zu übersehen. Das Tor dieses massiven und fast etwas bedrohlich wirkenden, in dunkelrotem Klinker erbauten und von einem Posten unter Gewehr bewachten Frontgebäudes, dazu von gleich drei Giebeln gekrönt, zog mich fast unwillkürlich an. Das war das Tor in eine andere Welt, eine Welt für die nächsten vier Jahre. Noch konnte ich umkehren, doch ohne Zögern trat ich ein.

Der Posten nahm keine Notiz von mir, aber der Wachhabende prüfte meine bereitgehaltenen Unterlagen und wies mir dann den Weg, unüberhörbar und lautstark. Der Block SACHSEN lag gleich links. Auch hier trat ich ein und wurde - nach einigen Stufen aufwärts - gleich von dem UvD, dem zuständigen „Unteroffizier vom Dienst", dessen Dienstraum nicht zu übersehen war, in Empfang genommen und „eingenordet".

Für mich hieß das: Eine Treppe hoch, dann links den Flur hinunter, vorletzte Tür rechts: „Dort halten Sie sich auf, bis ein neuer Befehl kommt. Verstanden?!" „Ja", sagte ich etwas zivil, und wurde gleich eines besseren belehrt: „Das heißt: Jawoll, Herr Obermaat!" Nun denn, dann halt: „Jawoll, Herr Obermaat".

In der bezeichneten Stube traf ich zwei weitere Zivilisten meines Alters an, die bald ebenso unsicher wie ich an den weißlich belegten Resopaltischen saßen, die die Mitte des Raumes einnahmen. Ein Gespräch kam anfangs nur zögernd zustande, ein Grund mehr, die Aufmerksamkeit der Unterkunft zuzuwenden: Gegenüber der Tür, die ich eben durchschritten hatte, befanden sich die zwei Fenster des Raumes, davor eine kleine Anrichte, auf dem ein uraltes Radio schon bald für etwas Ablenkung von dieser beklemmenden Situation bot. Die Wände rechts und links waren in Gänze besetzt von insgesamt zwölf schmalen, hohen Schränken, die jedem der zukünftigen Bewohner dieses kalt und unpersönlich wirkenden Raumes sicher bald zur Verfügung gestellt werden sollten. Das Mobiliar wurde vervollständigt durch zwölf Stühle, die einigermaßen geordnet diese beiden bereits erwähnten soliden Tische umstanden.

Gegen 1400 Uhr waren wir schon zu viert, und ganz langsam kam der kleine Hunger auf. Einer dieser Herren, mit denen ich die nächsten drei Monate wohl zu verbringen hatte, machte sich auf zum UvD, um diesbezüglich an- und nachzufragen. Danach zog er los zur Kantine, unterstützt von einem der Stubengenossen. Als beide zurück waren, hatten sie je zwei Henkelmänner dabei mit Brot, Margarine, Käse, Wurst und dazu eine große Kanne Kaffee, Teller, Tassen und Besteck: Damit konnte die erste Mahlzeit auf Staatskosten der „Bundesrepublik Deutschland", oder des „Bundes", wie man den Staat unter Staatsbediensteten bezeichnete, beginnen.

Das, was da an Essbarem geboten wurde, war nicht schlecht. Besonders schmeckte mir die hauchdünn geschnittene, knüppelharte, aber scharf gewürzte Salami, deren leicht ranziger „Haut Goût" mich in keiner Weise abschrecken konnte. Auf diese Weise bald gut gesättigt, konnten wir dem, was uns nun erwartete, deutlich ruhiger ins Auge blicken.

Block SACHSEN, in dem auch die Schreibstube und das Dienstzimmer des Kompanie-Chefs untergebracht war. Zur Zierde stand an der Südfront eine Schiffsschraube.

I: Das Kasernengelände

Postkarte

Das Bild zeigt die Hauptstraße der Kaserne Glückstadt vom Frontgebäude aus gesehen. Vorn links der Block SACHSEN, dahinter der Block THÜRINGEN, rechts die Blöcke BRANDENBURG und SCHLESIEN, links, hinter THÜRINGEN und von den Bäumen verdeckt steht das Kantinengebäude mit dem großen Speisesaal, der zu den Mahlzeiten stets brechend voll war, abends nach Dienst aber auch als Gaststätte vom Kantinenpächter genutzt wurde, inklusive einer Musikbox mit Märschen und den Hits der Zeit.

Dem Kantinengebäude gegenüber befand sich der kleine Park mit dem Fahnenmast und der Glocke. :I

Bis zum Abend war die 6. Gruppe vorläufig komplett. Wir besetzten die Schlafstube auf der dem Flur gegenüber liegenden Seite und bezogen, so gut es ging, die Betten. Immerhin: Ich hatte mir schon nachmittags eines der beiden in Fensternähe und mittig im Raum stehenden Einzelbetten reserviert, das mir vorteilhafter zu sein schien als die Doppelstockbetten an den Wänden. Doch ob meine Wahl tatsächlich ein Gewinn war, das sollte sich noch erweisen.

Danach räumten die zwölf Mann der Stube die Spinde ein, wie die Schränke ab sofort genannt wurden, und zwar jeder tat dies nach eigenem Gutdünken und individueller Vorstellung, nicht ahnend, dass diese Spindgestaltung schon bald Makulatur sein würde.

Denn schon am nächsten Tag wurden wir zwölf Stubenbewohner und zukünftige Matrosen von dem uns zugewiesenen Gruppenunteroffizier, mit Namen Kohl und vom Dienstgrad her Obermaat, sehr nachdrücklich belehrt über die vorschriftsmäßige Spindordnung, die ab sofort peinlichst einzuhalten sei.

Wichtig dabei war, den Spind selbst, vor allem aber auch das dort eingebaute Wertfach mit den auftragsgemäß von zu Hause mitgebrachten Schlössern zu sichern. Und noch viel wichtiger war es, um Punkt 2200 Uhr das Feldbett aufzusuchen. Denn das war gemeint, wenn der UvD nach einem Vorspiel mit der Bootsmannsmaatenpfeife den Befehl verkündete: „Ruhe im Schiff! Licht aus!"

Danach lag ich sehr schnell mit den anderen elf in der „Koje" und versuchte befehlsgemäß in den Schlaf zu kommen, denn die Nacht sollte nicht sehr lang werden. Das Wecken war für 0545 Uhr angekündigt worden.

I: Glückstadt:

Das 12.000 Einwohner zählende, am rechten Ufer der Unterelbe liegende Städtchen war 1617 vom dänischen König Christian IV., der damals gleichzeitig Herzog und deutscher Landesfürst in weiten Teilen der beiden damaligen Herzogtümer Schleswig und Holstein war, als Festungsstadt gegründet worden - einerseits zum Schutz des Landes, andererseits aber auch in der gelinden Hoffnung, damit der mächtigen Hansestadt Hamburg Konkurrenz machen zu können. „Dat schall glücken, dat mutt glücken, und dann schall se ok Glückstadt heten!", soll der König, der zwar kaum Dänisch, dafür aber umso mehr Plattdeutsch sprach, bei der Grundsteinlegung gesagt haben. So kam die Stadt zu ihrem Namen, und seitdem ist auch die römische Göttin des Glücks namens Fortuna, bar jeder Kleidung und nur punktuell von einem schmalen Kapitänswimpel bedeckt, im Wappen vertreten.

Auf lange Sicht gesehen, brachte die Namenswahl aber doch nicht den erhofften Erfolg. Immerhin bewährte sich die nach den neuesten Erkenntnissen der damaligen Zeit erbaute Festungsstadt bereits schon wenige Jahre später im 30-jährigen Krieg, als sie der Belagerung durch die kaiserlich-katholischen Truppen Wallensteins erfolgreich widerstehen konnte. Doch schon nach dem Frieden von Kiel, geschlossen 1814 und im Zusammenhang mit der dänischen Niederlage an der Seite Napoleons stehend, wurde die Festung geschleift. Tatsächlich aber blieb Glückstadt über mehr als 400 Jahre von kriegerischen Ereignissen verschont, und auch das kann man als Glück bezeichnen.

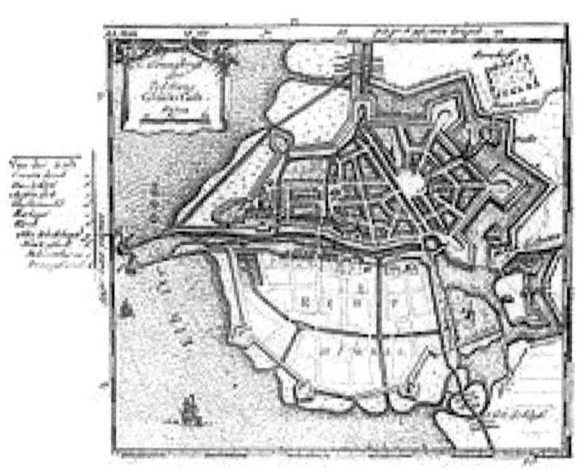

Festung Glückstadt/Unterelbe, im 17. Jahrhundert

Abgesehen von der planmäßigen Anlage der Stadt, von deren zentralem Marktplatz fast alle Straßen sternförmig abgehen, erinnert nicht mehr viel an diese Vergangenheit. Zumindest bei oberflächlicher Betrachtung.

Mit der Konkurrenz zu Hamburg wurde es jedenfalls nichts, denn schon bald versandete das nah an der Stadt vorbeiführende Hauptfahrwasser, denn die Elbe hatte sich erdreistet, nun überwiegend westlich der Flussinsel Rhinplate entlang zu fließen. Damit war die Stadt von der Großschifffahrt abgeschnitten.

Zwar hatte Glückstadt noch zeitweilig die Funktion einer Residenz- und Verwaltungsstadt inne, was jetzt noch an einigen verbliebenen, gut erhaltenen Adelshäusern zu erkennen ist, aber auch das brachte keinen nachhaltigen Aufschwung. So blieb Glückstadt eine beschauliche und ruhige Kleinstadt am Unterlauf der Elbe, an welcher der Pulsschlag der Zeit vorbei ging. Und das änderte sich auch nicht, als im Jahr 1936 am Neuendeich die Kaserne erbaut worden war, die alsbald von der Kriegsmarine in Beschlag genommen wurde. Zwanzig Jahre später, und vorübergehend anderweitig genutzt, gelangte die Kaserne in die Hand der neugegründeten Bundeswehr, die sie umgehend wieder der Marine zuwies.

Im Jahr 1966 war, neben der Papierfabrik Temming, die außerhalb und ganz überwiegend jenseits des Flüsschens „Rhin" lag, die Bundeswehr in Form der Bundesmarine der größte Arbeitgeber der Stadt. :I

Das „Nordsee-Handbuch – östlicher Teil" des Deutschen Hydrographischen schreibt zum Thema GLÜCKSTADT, was hier auszugsweise wiedergegeben wird:

Glückstadt liegt auf dem NO-Ufer der Elbe, etwa auf halbem Wege zwischen Hamburg und Cuxhaven.
Das Glückstädter Fahrwasser zweigt oberhalb der Störmündung vom Hauptfahrwasser ab und ist durch die Rhinplate von diesem getrennt. Das etwa 2 Kabellängen (370 Meter) breite Fahrwasser hat Wassertiefen von etwa 3,5 Metern.

Die Stadt liegt an der Eisenbahnstrecke Hamburg-Husum und ist durch eine Autofähre mit Wischhafen in Niedersachsen verbunden. In den Außenhafen münden die südlich des Binnenhafens heranfließenden Flüsse Rhin und Schwarzwasser.

Der Hafen besteht aus dem etwa 460 Meter langen Außenhafen und dem durch eine Dockschleuse geschlossenen, etwa 600 Meter langen Binnenhafen.
An der Ostseite des Außenhafens befinden sich die Entwässerungsschleusen der beiden Flüsse Rhin und Schwarzwasser.
Der Wasserstand des Rhins liegt 0,4 Meter über dem mittleren Niedrigwasser der Elbe, die Schleusensohle der Rhinschleuse liegt 2,10 Meter unter dem Wasserstand des Rhins und bestimmt damit den Tiefgang der den Rhin befahrenden Fahrzeuge.

Die Dockschleuse zum Binnenhafen kann nur bei Hochwasser befahren werden. Umschlagseinrichtungen und Gleisanschluss sind an beiden Häfen vorhanden.

Der Rhin ist jener Fluss, dessen Einmündung in die Elbe einst der Anlass für die Stadtgründung an dieser Stelle war. Im Bereich des Außenhafens ist er in das Deichsystem der Elbe integriert, oberhalb davon werden seine Ufer von der in den Deich eingelassenen Schleuse gesichert.

Das ebenso gesicherte Schwarzwasser ist ein schmaler, nicht mit dem Rhin verbundener Entwässerungsgraben, dessen Wasser von der seit langem dort ansässigen Papierfabrik genutzt wird. Das Schwarzwasser fließt auf seinem Endstück in einem Abstand von wenigen Metern parallel zum Rhin. Seine Farbe, zumindest flussabwärts der Werkshallen, dürfte dem gesamten Gewässer den Namen gegeben haben.

Von links: Elbe – Flussinsel Rhinplate – Glückstädter Nebenelbe – Außenhafen – Binnenhafen
südlich: Rhin und Schwarzwasser
nördlich: das Zentrum der Stadt, Blomesche Wildnis
östlich: Kremper und Herzhorner Rhin
südöstlich: Engelbrechtsche Wildnis

Die Elbe bei Glückstadt im Jahr 1966 – Blick vom Deichvorland auf Höhe der Kaserne in Richtung stromabwärts.

I: Das 3. Marineausbildungsbataillon

Zur damaligen Zeit, in der Mitte der 1960-er Jahre, als die Bundesmarine noch sehr im Aufbau war, gab es vier Marineausbildungsbataillone in einem eigens dafür eingerichteten Ausbildungsregiment, dessen Stab ebenso im Frontgebäude der Kaserne untergebracht war, wie der des hier liegenden 3. Bataillons. Dieses Gebäude, in dem mittig das große und gut bewachte Haupttor eingelassen ist, war somit das Hauptgebäude der Kasernenanlage an der Glückstädter Ausfallstraße nach Norden, der Straße „Am Neuendeich".

Die vier diesem Regiment zugeordneten Bataillone waren das:

1. Marineausbildungsbataillon in Eckernförde, das
2. Marineausbildungsbataillon in Glücksburg-Meierwik, das 3. Marineausbildungsbataillon in Glückstadt und das 4. Marineausbildungsbataillon in Brake/Unterweser.

Die vordringlichste Aufgabe dieser Einheiten war es, den gerade frisch eingezogenen Marinern die militärische Grundausbildung zu vermitteln.

Das 3. Marineausbildungsbataillon bestand zu der Zeit aus fünf Kompanien. Die 5. Kompanie, zu der ich und alle Offiziersanwärter eingezogen worden waren, hatte somit den Standort in der Marinekaserne zu Glückstadt/ Unterelbe, Am Neuendeich 49. :I

Der Zustrom zur Marine war damals sehr erheblich, auch der 5. Kompanie, die einzige im Bataillon sowie auch im Regiment, die ausschließlich für die Offiziersausbildung vorgesehen war, wurden auf diese Weise mehr als 200 Rekruten zugeführt für die 3-monatige Grundausbildung, die bis auf geringe Unterschiede in der gesamten Bundeswehr gleich war. Die Aufgabe dieser Ausbildung war es ganz generell, die jungen Soldaten körperlich fit zu machen und auf das Leben in der Bundeswehr vorzubereiten. Beides war wichtig, denn „Bundeswehr" konnte sehr anstrengend sein und unterschied sich zudem vom Zivilleben ganz erheblich.

Zur Organisation der Kompanie wurden die anfänglich mehr als 200 Rekruten in 16 Gruppen eingeteilt, und zwar der Größe nach. Die „Nato-Riesen" versammelten sich in der 1. Gruppe, die „Nato-Zwerge" in der 16. Je vier Gruppen bildeten einen Zug, Chef des ersten Zuges mit den Gruppen 1 bis 4 war OLt.z.S. Rahn, der 2. Zug mit den Gruppen 5 bis 8 hatte den Lt.z.S. Dziambor als Zugführer, und die Züge 3 und 4 wurden jeweils von einem Bootsmann befehligt. Chef in der Schreibstube, gelegen im Erdgeschoss von Block SACHSEN, am linken Ende des Flurs rechts, war Hauptbootsmann Stier, der von einigen „Schreibstubenbullen" unterstützt wurde. Ich war, der Größe angemessen, zur 6. Gruppe und somit zum 2. Zug eingeteilt, der in Block SACHSEN im 1. Obergeschoss links seine Unterkunft hatte. Wie es aussah, war ich einer der kleineren, trotz einer Größe von 1,80 Metern, und wohl auch der jüngste in der 6. Gruppe. Einige waren zwar deutlich älter, aber alle waren nun meine Kameraden geworden, da ich, direkt oder indirekt, mit allen „die Kammer zu teilen hatte".

Jede Gruppe hatte einen Unteroffizier als Gruppenführer, im Dienstgrad Maat oder Obermaat, der Kompanie-Chef, der über die Einheit gebot, war Kapitänleutnant Schmidt. Alles in allem hatte die 5. Kompanie zu Beginn der Ausbildung eine Stärke von etwa 225 Mann.

Bataillonskommandeur „3. Marineausbildungsbataillon" war Fregattenkapitän Junge.
Chef des Marineausbildungsregiments und damit auch Chef aller vier Bataillone von Eckernförde, Glücksburg, Glückstadt und Brake war Kapitän zur See Schuhart, ein hoch dekorierter U-Boot-Fahrer im 2. Weltkrieg.

Als allererstes überhaupt wurde an uns das Essbesteck ausgeteilt, das uns ab sofort in die Lage versetzte, in der Kantine das Essen in gesitteter Form einzunehmen. Anschließend wurden wir zum Friseur geschickt, dessen Etablissement ebenfalls in dem Kantinengebäude war. Anfangs war von „Streichholzlänge" die Rede gewesen, aber die am Ende verbliebene Haarlänge war deutlich kürzer. Nun denn, ich nahm es mit „Fasson".

Danach aber ging es Schlag auf Schlag. Empfang der diversen Uniform- und Ausrüstungsstücke in der Kleider-kammer. Das waren vorläufig:
Zwei Kampfanzüge in Oliv, groß, weit und sperrig, der Stahlhelm, steif und schwer, die Stiefel, hier Seestiefel genannt, die Schnürschuhe mit Gamaschen, dazu die Unterwäsche kurz und lang, doch beides vom Typ „long ellis", und als Oberbekleidung einen auf Jackenlänge verkürzten taubenblauen Luftwaffenmantel, der nun beim Tagesdienst im Freien aufgebraucht werden sollte. Dazu das „Blau-Zeug" der Marine.

I: Einkleidung und Ausrüstung - Übersicht

Oliv und Waffen:
2x Dienstanzug, oliv (Hemd und Hose für den täglichen
militärischen Dienst in der Kaserne und im Gelände)
Parka und Feldanzug (nur für den Ernstfall)
Unterhemden oliv, auch als Hemden zu tragen
Feldmütze oliv, div. Socken, schwarz, Handschuhe, grau
Stiefel, hohe Schnürschuhe, zu tragen zum Oliv-Zeug
Kampfjacke, taubenblau, ehemals Luftwaffe
Stahlhelm, Koppel und Koppeltragegestell
4x Patronentaschen für 3x Magazin und 1x Reinigung
Schnellfeuergewehr G3
Kampfmesser, div. Kleinteile (Kokarden, Essbesteck)
ABC-Schutzmaske (Gasmaske), Klapp-Spaten
Großes und Kleines Kampfgepäck mit Inhalt
Erkennungsmarke, metallisch, um den Hals zu tragen
Seesack und Marine-Reisetasche „BuKo" (in Blau-Grau)

Blau/weiß:
2x Marineanzug/Matrosenanzug (1. u. 2. Garnitur, blau)
bestehend aus: Bluse und Klapphose, 2x Exkragen mit
Knotentuch (für Knoten und Fliege)
2x Marinebluse, weiß für Sommer (1. u. 2. Garnitur)
für Ausgang und anderweitigen Dienst (z. B. Wache)
1x Winter-Colani, 1x Regen-Colani (= Überjacke, blau)
3x Takelpäckchen, weiß (für den täglichen Marinedienst)
Bordschuhe (Segeltuch, braun-rötlich, Leder, schwarz)
Schiffchen (blau, zum Takelpäckchen zu tragen)
Weiße Unterwäsche, Bordmesser, Kleinzeug u.s.w.
Tellermütze (Gestell u. div. Mützenbezüge, weiß u. blau)
Mützenband, schwarz mit Aufschrift in Gelb-Gold:
        „3. Marineausbildungsbataillon"   :I

Neben diesem Material empfingen wir, wohl aber nur aus Gründen der Statistik, einen sich tatsächlich angenehm anfühlenden Feldanzug und den dazugehörigen Parka. Beides wurde jedoch zur besonderen Schonung oben auf dem Spind abgelegt, sodass es, bestens geschont und völlig unberührt, nach drei Monaten wieder abgegeben werden konnte. Außer diesem ab sofort zu tragenden „Oliv-Zeug", das möglicherweise schon den 2. Weltkrieg erlebt hatte, empfingen wir - ebenfalls in zweifacher Ausfertigung und in unterschiedlicher Alterungsstufe - das sogenannte „Blauzeug", die Matrosenuniform, die jedem Mariner dieser Zeit gebührte: Die „Hose, klapp" mit dem praktischen Klappverschluss in der Front, die Blusen in Blau für den Winter und in Weiß für den Sommer nebst den dazugehörigen „Exkragen" sowie dem Knotentuch, die tellerförmig getrimmte Matrosenmütze, in die das schwarze Mützenband, Länge 1,16 Meter, Breite 3 Zentimeter, versehen mit der goldgelb gestickten Aufschrift „3. Marineausbildungsbataillon", einzuziehen war. Und zwar so kunstvoll, dass der Schriftzug mittig auf der Stirn erschien, und die weit überstehenden Enden gleichmäßig lang, aber im Winkel von 45 Grad wie ein Schwalbenschwanz beschnitten, auf den Rücken fallen konnten. Unserem Gruppenführer Obermaat Kohl blieb es dabei überlassen, uns in die Feinheiten der Kleidung einzuführen, uns den Knoten des Halstuchs so zu binden, dass dieser beim Tragen der „1. oder 2. Garnitur, blau" in korrekter Höhe auf der Brust zu liegen kam. Dazu war es seine Aufgabe, die „Fliege", eine kleine weiße Schleife auf der Mitte des Knotens, zu binden. Überhaupt hat sich unser Gruppenführer trotz des rauen Umgangstons, mit dem wir von Anfang an konfrontiert wurden, doch bis auf wenige Ausnahmen ganz umgänglich gezeigt. Die nicht zu übersehende Korpulenz unter der tagtäglichen Dienstuniform - blaue Bluse, weiße Hose - ließ ihn älter erscheinen, als er wirklich war, gab ihm jedoch - auch jenseits seines nicht wirklich hohen Dienstgrads - die Autorität von Macht und Bedeutung.

Was die Zivilklamotten betraf, die im rappelvollen Spind kaum noch unterzubringen waren, da war die nachhaltige Lösung bald gefunden: Ab ins Paket und per Post nach Hause! Wir waren jetzt erst einmal Soldaten, wir trugen Uniform, was brauchten wir da noch Zivil!

Die erste Woche war angenehmerweise diesmal bereits am Donnerstagabend zu Ende, denn diesem Tag folgten der Karfreitag, der Ostersonntag und der Ostermontag. Trotz des Dienstes am Samstagmorgen, so waren es doch ziemlich freie Tage.

Der Dienst am Samstagmorgen war ohnehin ein Dienst, der sich von dem aller anderen Tage sehr unterschied. Er fand nämlich nach dem üblichen Frühstück und der Morgenmusterung erst im Kompanielehrsaal des Blocks THÜRINGEN statt, und dann, zumindest für den 2. Zug, als grobmotoriger Reinigungsdienst im Obergeschoss des Blocks SACHSEN. In dem Ersteren lauschten wir dem Kompaniechef beim Kompanieunterricht, danach dem Standortpastor, der sich um unser Seelenheil bemühte. Zwar redlich, aber meist vergebens, denn besonders in den hinteren Reihen wurden die Ausführungen dieses Herren in Schwarz, der keine echte Befehlsgewalt uns gegenüber hatte, ganz ungezwungen zum Tiefschlaf genutzt. Und zwar in dem Maße, dass der Schlaf auch nicht gestoppt wurde, selbst wenn der Kamerad vom Stuhl gefallen war. Ein wenig Mitleid hatte ich da schon mit dem „Schwarzen Riesen".

Als letzte dienstliche Maßnahme fand danach, auch wenn die Kaserne nicht im Entferntesten einem Schiff ähnelte, das sogenannte „Großreinschiff" statt. Für den 2. Zug hieß das, die Stuben, den Flur, die Sanitärräume und Teile der Treppe gleich mehrfach unter Wasser zu setzen und anschließend mit Schiebern und Feudeln wieder zu trocknen. Eine rustikale Methode, die einigen Erfolg hatte, manchen Schmutz allerdings auch nur geschickt verteilte, aber all den Mitwirkenden Freude, wenn nicht sogar Ausgelassenheit brachte.

Samstägliches Großreinschiff

Jenseits vom „Großreinschiff" und dem „Reinschiff", das 3x täglich auszuführen war, waren wir noch mit anderem Marinetypischen konfrontiert:

Das waren nicht nur die Kleidung, die wir trugen, soweit sie nicht oliv war, sondern auch viele Begriffe des täglichen Lebens, das wir nun lebten. Statt „Essen fassen" hieß es nun „Backen und banken!", und statt des „Ausgangs" wurde, falls überhaupt, nun der „Landgang" gewährt.
Dazu waren wir jetzt mit Dingen konfrontiert, die wir nie erwartet hatten. Denn sogar der Samstag war für uns erst dann zu Ende, wenn die „Ronde", der abschließende Kontrollgang, mit der Zufriedenheit des Kontrolleurs geendet hatte. Aber auch danach hatte die Kompanie anzutreten, um im Gleichschritt vom UvD zur Kantine und zum Mittagessen geführt zu werden.

Nur für die freie Zeit des Wochenendes, das jetzt nur noch aus dem Samstagnachmittag und dem Sonntag bestand, war uns der lockere Schlendergang durch das Kasernengelände erlaubt, der wochentags grundsätzlich verboten war. Denn da waren wir angehalten, uns nur im Laufschritt fortzubewegen.

I: Diverse Dienste

Formaldienst (Exerzieren, Marschieren, Grüßen)
Zeugdienst (auf der Stube für Reinigung und Wartung,
    insbesondere: Gewehr, Schuhe, Oliv-Zeug, Spind)
Unterricht (Lehrsaal, Stube, allumfassender Lernstoff,
    insbesondere: Waffen, BW- und Marineorganisation)
Marinekunde: Schiffs- und Flugzeugerkennung
Waffenkunde: G3, Pistole, MG, Panzerfaust
auseinandernehmen, zusammensetzen, auch im Dunkeln
Staatskunde und Lebenskunde
Vorschriftenkunde, Gesetzeskunde (u. A. Soldatengesetz)
Themenheft führen (am Ende ca. 120 Seiten DIN A4)
Geländedienst (Landkampf auf dem Truppenübungsplatz
    von Nordoe)
Schießausbildung, Schießplatz Itzehoe/ Hof Basten
Sport: Sporthalle, Sportplatz, Schwimmbad
Training auf der Kampfbahn (bei Formaldienst)
Dienstgrade und Dienstgradabzeichen
Umzieh-Übungen („Flagge Luzi" bzw. „Maskenball")
Bootsdienst (Kutterpullen auf Rhin und Elbe,
    und Schlauchboot)
Wachdienst (Kasernenwache, Bootshafenwache)
Alarme (Zugalarm, Kompaniealarm, NATO-Alarm)
Lieder auswendig lernen für den Formaldienst
Bettenbauen (Schlafraum) und Spindorganisation
Musterungen, Ronde und Kontrollen
Reinschiff (3x täglich Stuben, Großreinschiff samstags)
Spielmannszug (freiwillig, nur wenige waren dabei) :I

Auch wenn endlich das Wochenende angebrochen war, so richtig leerte sich die Kaserne nicht. Denn „Landgang" war für die Rekruten des Bataillons in den ersten sechs Wochen überhaupt nicht vorgesehen. Ausnahmen gab es nur für die „Kirchgänger", die am Sonntagvormittag zum Kirchgang die Kaserne verlassen durften. Zwar war der Gottesdienst, falls die „Kirchgänger" überhaupt dort je angekommen waren, bereits vor 1200 Uhr beendet, aber manch einem gelang es erst am späten Abend und dann oft „schwer angeschlagen" den Weg zurück zu finden. Immerhin stand es uns frei, den Schwarz-Weiß-Fernseher im Kompaniesaal zu benutzen, zu schlafen und - leider war das oft nicht zu umgehen - auch Zeugdienst zu machen. Das bedeutete dann: Mit Nadel und Faden die Namensschilder anzubringen an allen Kleidungs- und Ausrüstungsstücken, den OA-Stern anzunähen und gar so manches andere. Im Verlauf des Zeugdienstes war uns auch bekannt gemacht worden, dass jeder Schuh einen Steg hat, der ebenso wie das Oberleder gründlichster Reinigung und schwarzer Schuhcreme bedurfte, dass der Rasierer auch innere Flächen hat, die sauber zu sein hatten, und dass Fusseln an Stellen sein konnten, an denen wir diese nie und nimmer vermutet hätten. Gern überprüft wurden auch die Reinlichkeit der Türrahmen und der Gardinenstangen der Stube, vor allem aber auch die Spindoberflächen unterhalb des hölzernen Rostes, auf dem die Schuhe und Stiefel standen. Viel Zeit hatten wir während der Woche dafür nicht, und das musste nun alles am Wochenende nachgeholt werden. Wir taten das nur, um nicht aufzufallen und Strafen zu riskieren. Da blieb am Sonntag nur wenig Zeit, sich auszuruhen und die Woche befreit hinter sich zu lassen.

Glückstadt: Marktplatz und Kirche im Jahre 1966

I: Die Kaserne Glückstadt, erbaut 1936

Postkarte

Vorne und links Funktionsgebäude, links dahinter das Schwimmbad und der Sportplatz. Hinter den Blocks links die Mehrzweckhalle, die auch für den Sport genutzt wurde, rechts die Fläche der Kampfbahn und daneben der sogenannte Schießgarten, der nie benutzt wurde.

Rechts und in Längsrichtung steht der Block Berlin, links davon das Kantinengebäude. :I

Die Kasernenanlage liegt am „Neuendeich", dem einst neuen Außendeich zur Elbe, die deshalb von der Kaserne aus nicht zu sehen ist. Neben der 5. Kompanie, die die beiden gegenüberliegenden, nur durch die als Appellplatz genutzte Straße getrennten Blocks SACHSEN und THÜRINGEN bewohnte, waren weitere 4 Kompanien in der Kaserne untergebracht, die ebenfalls die Namen verlorener oder nicht mehr zugänglicher Gebiete trugen. Das waren die auf gleicher Höhe, aber jenseits der Kasernenhauptstraße liegenden Blocks Brandenburg und Schlesien, des Weiteren die Blocks Berlin, Mecklenburg, Ostpreußen, Pommern und Westpreußen. Alle Blocks waren, wie die beiden unsrigen, quer zur Hauptstraße ausgerichtet, mit Ausnahme vom Block Berlin und dem Gebäude der Kantine, die beide längs zur Straße standen. Für die Soldaten war besonders die Kantine von Bedeutung, da dort dreimal täglich das Essen eingenommen wurde und am späteren Abend gegen Bargeld das eine oder andere Glas Bier getrunken werden konnte. Vorne im längs zur Glückstädter Ausfallstraße erbauten Frontbau waren der Regimentsstab, der Bataillonsstab und die Räume des „Sanitäts-Reviers" untergebracht. Letzteres war deshalb wichtig, da man sich bei der Morgenmusterung zum Arzt abmelden konnte, wovon zunehmend - sei es auf Grund von Erkältungen wegen der Unwirtlichkeit des anhaltend nasskalten Wetters, sei es wegen Blasen an den Füßen oder sei es auch nur, um den Anstrengungen des Dienstes für einige Stunden zu entgehen - Gebrauch gemacht wurde.

Auch für mich war das eine gewisse Versuchung, der ich jedoch nie nachgab, obwohl mir eine kleine Pause in den gut geheizten Räumen des San-Reviers sehr gefallen hätte. Aber dem Vorwurf, mich zu „drücken", wollte ich nicht ausgesetzt sein, zumal ich schon bald den Eindruck hatte, aus welchem Grund auch immer, ins Visier des Zugführers Dziambor geraten zu sein.

Die Kompanie war auch nach Ostern immer noch nicht vollzählig, immer noch wurden Nachzügler erwartet. Trotzdem – die Organisation stand fest: Kapitänleutnant Schmidt war Chef der Kompanie, die in 16 Gruppen und vier Züge zu je 4 Gruppen eingeteilt worden war.
Der 1. Zug war im Erdgeschoss von Block SACHSEN einquartiert, darüber im ersten Stock der 2. Zug mit den Gruppen 5, 6, 7 und 8, denen die vier Gruppenführer Obermaat Schrum, Obermaat Kohl, Maat Tiele und Maat Heins zugeordnet waren.
Wo jedoch unser Zugführer Leutnant zur See Dziambor, ein kleiner, drahtiger, leider auch recht bissiger Vorgesetzter mit dunklen, stechenden Augen seine Unterkunft hatte, war unbekannt.

Während die Züge 1 und 2 vor dem Block SACHSEN anzutreten hatten, traten die Züge 3 und 4 vor dem gegenüber liegenden Block THÜRINGEN an, in dem sie auch untergebracht waren.

Gruppenältester in unserer 6. Gruppe war der Fähnrich zur See Welsch, der bereits auf die 30 zuging und von Beruf Brauerei-Ingenieur war. Ihn hatte die Entscheidung zur Marine von Franken nach Glückstadt verschlagen. Sein Dienstgrad, mit dem er als graduierter Ingenieur eingestellt worden war, hatte keine Bedeutung während der Grundausbildung, außer einer finanziellen, denn er war nur Rekrut und Lehrgangsteilnehmer, wie wir alle.

Unangenehme Überraschung: Schneefall an Ostern

An Sonn- und Feiertagen: Frühstück auf der Stube

I: Die 6. Gruppe:

Blatt, Roland, aus Völklingen/Saar

Ehlers, Wolfgang, aus Bergen bei Celle

Hennig, Christian von, aus Niedersachsen

Hisdorf, Konrad, genannt Konni, aus Göppingen

John, Karl-Gerhard, aus Baden-Baden

Johnigk, Bernd-Dieter, aus Ratingen

Monte, Peter, aus Berlin

Schmalz, Joachim, aus Köln

Schmidt, Holger, aus Bremen

Steuber, Friedrich, aus Korbach, Nordhessen

Warnick, Michael, aus Lübeck

Weißpflog, Bodo, aus Berlin

Welsch, G., Fähnrich zur See, ... aus Bayern   **:I**

Die 6. Gruppe

2. Zug, 5. Kompanie, 3. Marineausbildungsbataillon,
Glückstadt im April 1966

Die Mehrheit in unserer 6. Gruppe hatte sich für die Mindestzeit von vier Jahren verpflichtet, aber auch etliche Berufsoffiziersanwärter mit höheren Ambitionen waren darunter.

Im Tagesraum unserer Unterkunft standen die Spinde an beiden Seiten der Wände, der meine war rechts, von der Tür aus gesehen. Meine Spindnachbarn waren der recht fidele Konni Hisdorf und zur Fensterseite hin Christian von Hennig. Besonders zu Konni hatte ich schon bald „einen Draht".

Der Schlafraum lag gegenüber, auf der anderen Seite des Flurs, zum Appellplatz hin. 14 Betten waren vorhanden, zwölf wurden nur benutzt, zwei blieben leer.
Zwölf der Betten waren Doppelstockbetten, zwei waren in Einzelausführung. Leider waren diese Betten bei jeder Kontrolle ganz besonders im Blickfeld. Hier zu nächtigen war also nicht unbedingt von Vorteil!

Mit gerade 19 Jahren war ich hier so ziemlich der Jüngste unter den zwölf Kameraden der 6. Gruppe und wirkte wohl, wegen meines noch sehr jungenhaften Aussehens und trotz der Größe von 1,80 Metern, eher klein. Da erschien es mir nicht sehr verwunderlich, beim ersten Antreten in der Gruppe ganz „am Tampen" eingeordnet worden zu sein. Doch das behagte mir überhaupt nicht. Den Ehrgeiz, Erster zu sein, hatte ich eigentlich nie, aber Letzter zu sein, das wollte ich aber dann doch vermeiden. Und es gelang mir: Schon bald danach hatte ich mich auf den drittletzten Platz vorgearbeitet. Irgendwie gefiel mir das besser, und ganz offensichtlich hatte auch niemand etwas dagegen.

Die zweite Woche fing schon ziemlich blöde an: Es hatte geschneit, 10 bis 15 cm hoch, und es war kalt und frostig geworden. Wir hatten inzwischen die Gewehre, Typ G3, empfangen und so marschierten wir gruppenweise und, als der Marschtritt einigermaßen gefestigt war, auch zugweise durch die Straßen des Kasernengeländes. Mir gefiel das ganz gut, obwohl die Stiefel drückten, die zu groß geratenen Klamotten am Körper scheuerten, das Koppel klemmte und der Spaten störte. Doch auch das „Gerödel", bestehend aus dem kleinen Kampfgepäck, der ABC-Schutzmaske und den vier am Koppel, das vom Koppeltragegestell seinerseits auf Position gehalten wurde, hängenden Munitionstaschen waren mehr als unbequem. Doch am unangenehmsten empfand ich den viel zu großen Stahlhelm, der schwer war und bei jeder Bewegung sein Eigenleben führte. Dazu verursachte dessen Gewicht schon nach kurzer Zeit Muskelkater an Hals und Schultern. Alles in allem: die Bekleidung mit der dazugehörenden Ausrüstung war weder neu, noch kommod und schon gar nicht modisch.

Wider Erwarten ging die Woche doch im Großen und Ganzen glimpflich ab. Doch gegen Ende hatte ich ein Erlebnis, auf das ich gerne verzichtet hätte:
Das täglich zu absolvierende Abendreinschiff auf der Stube endete auch an diesem Tag mit der „Ronde" des UvD. Diesmal durchgeführt von einem Maat, der uns nicht bekannt war. Vielleicht hatte ich zu keck aus der Wäsche geschaut, vielleicht gab es auch einen anderen Grund, jedenfalls nahm sich dieser Maat meinen Spind nun ganz besonders vor. Am Ende, und in einer Art Tobsuchtsanfall, fegte er alle meine wohlsortierten und akkurat gestapelten Wäschestücke aus dem Spind, dann

packte er die auf der Garderobenstange aufgereihten Uniformen und schmiss sie mir mit lautem Geschrei vor die Füße, und ganz zuletzt „räumte" er auch noch den Bodenbereich samt Stiefeln, Gewehr und ABC-Schutzmaske in der Weise auf, sodass sich alles vor mir auf dem Fußboden stapelte. Sogar das mit zahlreichen Reißbrettstiften befestigte Auslegepapier, eigens dafür und mit privatem Geld erstanden, um die kostbaren Holzwände des Spindes vor der bösen Schuhcreme zu schützen, wurde zerrissen und zerfetzt. Mit den Worten „in einer halben Stunde bin ich wieder da, dann ist alles wieder in Ordnung!" stob er nach draußen.

Wir waren alle konsterniert ob dieses kaum für möglich gehaltenen Vorfalls. Besonders ich selbst blickte danach wohl ziemlich fassungslos auf das Chaos, das sich vor mir auftürmte. Und all das, was hier und jetzt so ungeordnet herumlag, sollte in nur 30 Minuten wieder im Spind eingeordnet sein! Und zwar gerade so sauber und adrett, wie es gewesen war und bevor der UvD seine „Contenance" verloren hatte! Eigentlich ein Ding der Unmöglichkeit, ich hatte noch nicht einmal mehr genug vom besagten Auslegepapier, ohne das ein Spind in einer ordnungsgemäß eingerichteten Stube der 5. Kompanie des 3. Marineausbildungsbataillons in Glückstadt ganz bestimmt nicht auskommen konnte!
Doch gut, dass es Kameraden gab. Papier wurde herbeigeschafft, besonders Hisdorf, mein rechter Spindnachbar, und Ehlers, vom Spind direkt gegenüber, halfen mir beim Einräumen und auch dabei, meine Fassung wieder zu finden. Nach wenigen Minuten war das Chaos beseitigt, und noch bevor der Maat zurückgekommen war, zeigte sich mein Spind wieder in alter Pracht und Ordnung.

Überhaupt, es war inzwischen tatsächlich so etwas wie eine Kameradschaft unter uns zwölf Gruppenangehörigen der 6. Gruppe entstanden, die uns vieles leichter machte.

Da hatten wir im Unterricht gut aufgepasst, als vom Soldatengesetz die Rede war, denn nach § 12 war jeder Soldat zur Kameradschaft verpflichtet. Aber ich glaube, auch ohne diesen Paragraphen hätten wir das nicht anders gemacht.

Besonders mit Konni Hisdorf hatte ich Freundschaft geschlossen, und auch in einem gewissen Sinne mit Wolfgang Ehlers, der mir bei jeder Spindmusterung genau gegenüber stand.

Unangenehm war mir niemand von unserer 6. Gruppe, ich kam mit allen gut aus. Doch mich auch mit meinem Spindnachbarn zur anderen Seite etwas besser ins Benehmen zu setzen, das gelang mir nicht. Dazu war wohl v. Hennig doch ein wenig zu distanziert.

Dennoch hatte ich ein Auge auf ihn. Denn, als er einmal bei der Abendronde auch in die Gefahr geriet, einem wild gewordenen Unteroffizier in ähnlicher Weise zum Opfer zu fallen, wie es mir Tage zuvor passiert war, behielt er eisern die Ruhe. Er stand da wie eine Eins, ließ die lautstarken Anwürfe rechts und links an seinen Ohren vorbeifliegen, ohne mit der Wimper zu zucken, und gab, unbeeindruckt von der Nähe seines Gegenübers, bei jeder sich nur bietenden Möglichkeit der Erwiderung ein fast ebenso lautstarkes „Jawoll, Herr Obermaat" zurück. Das ging so lange, bis der Unteroffizier von ihm abließ.

Christian war von der Ansprache und der Lautstärke des Dienstvorgesetzten offensichtlich absolut unbeeindruckt geblieben, und das hat mir wirklich imponiert.

Winter im April – mehr als 2 Wochen in Eis und Schnee

Mit der Zeit arbeiteten wir uns von der 6. Gruppe ein in das System Bundeswehr, zumal ich auch inzwischen ein Schreiben erhalten hatte, in dem ich ganz offiziell zum MATROSEN ernannt wurde, und zwar, man staune, im gesamten Geschäftsbereich des Bundesministeriums für Verteidigung. Damit gleichzeitig erfolgte die Einweisung in die Besoldungsstufe A1.

Nach Tagen ohne jeden Nachschub an Geld wurden alle Rekruten vom „Refü", dem Rechnungsführer der 5. Kompanie, über die Verfahrensweise der Auszahlung von Geld informiert. Auch ich hatte kein Bankkonto zur Verfügung, und so wurde ich, und viele andere auch, von dem besagten Oberbootsmann mit einigem Nachdruck animiert, ein Postscheckkonto einzurichten. Mir war es recht, ich füllte die vorgelegten Anträge aus und wurde so Kunde des staatlichen Postscheckamts. Doch, um dem dringendsten Engpass an Bargeld abzuhelfen, wurde uns, für jetzt und gleich, eine ausreichende Barauszahlung im Dienstzimmer des Refüs angekündigt.

Tags darauf war ich im Bataillonsstab und ließ mir von dem besagten Oberbootsmann einen ersten Abschlag des noch zu berechnenden Gehalts auszahlen: 384 DM.

Endlich war ich „flüssig" genug, um mit vielen anderen der Kompanie in der Kantine diesen Vorgang zu feiern. Dabei kam ich auch erstmals mit „Kollegen" aus anderen Kompanien in Kontakt. Und dabei erfuhr ich, dass unsere Einheit den Spitznamen MONDSCHEINKOMPANIE hatte. „Wieso denn das?", fragte ich, da ich bisher vom Mond noch nichts bemerkt hatte. „Na ja", war die Antwort: „Wenn wir schon lange Feierabend haben, seid Ihr doch noch immer am Rödeln!"

So gesehen, war der Spitzname der 5. Kompanie nicht unberechtigt. Aber bei all den Anforderungen, die an uns tagtäglich gestellt wurden, war mir das bisher noch gar nicht aufgefallen.

Ostern war längst vorbei, doch Schnee lag immer noch, und es war sogar noch kälter geworden. Die unter dem Stahlhelm freiliegenden Ohren froren nun erbärmlich und die Hände trotz der Lederhandschuhe auch. Und das änderte sich auch nicht, als wir - und leider auch ich! - mehrere Male um den Block SACHSEN laufen mussten, selbstredend nicht zur Strafe, sondern ausschließlich zur Übung, denn soviel Euphemismus musste sein in einer Armee eines Staates, der behauptete, auf dem Boden der freiheitlich demokratischen Grundordnung zu stehen.

Deshalb empfand nicht nur ich es als wahre Erlösung, als die 6. Gruppe nach einer langen Zeit im Freien nun in den zwar unbeheizten, doch immerhin wärmeren Keller des Blocks SACHSEN wechseln konnte, um dort das Gewehr G3 auseinander zu nehmen, die Einzelteile kennenzulernen und diese wieder zusammenzusetzen, ohne etwas davon übrig zu haben. Immer und immer wieder, jedes Mal schneller, und am Ende auch mit verbundenen Augen! Wie schön kann da eine Mittagspause sein:
„Kompanie stillgestanden, links um, im Gleichschritt Marsch!", um danach mit „Abteilung halt!", „Links um!" und „zum Backen und Banken – in Reihe zu einem Glied einrücken!" in das wohltemperierte Kantinengebäude zu laufen und dort an dem angestammten Tisch, gleich links am Fenster, Platz zu nehmen.

Was den Formaldienst anbetraf, da hatten wir bald die Kommandos gut verinnerlicht, auch das Marschieren klappte schon ganz gut, ein sogenannter „Passgänger" war in unserer Gruppe nicht vorhanden, wohl aber im Zug, der dann schnell den Gleichschritt verlieren konnte, was umgehend zu zusätzlichen Laufeinlagen führte. Aber den Passgängern fehlte es da wohl an einer inneren Rhythmik, die auch bei aller Anstrengung kaum besser wurde. Da blieb es den Kameraden nur übrig, sich nicht aus dem Takt bringen zu lassen. Und das gelang täglich besser.

Noch besser aber wurde das Marschieren, als dabei gesungen wurde. Eine ganze Reihe von Marschliedern war inzwischen auswendig gelernt worden, die nun nach dem Kommando „Rührt Euch – ein Lied!" lautstark zur Anwendung gelangten. Besonders beliebt waren dabei unter anderem Lieder wie die folgenden: „Schwer mit den Schä-ä-tzen der O-ri-ents bela-a-den", „In einem Polenstädtchen", oder „Schwarzbraun ist die Haselnuss" und „Kameraden, wir haben die Welt gesehen, Paris und den heiligen Puff! Wir haben uns´re Seelen in das Meer gekotzt, vor Australien, da schwi-im-men sie fort! …"

Die Wochenenden wurden nun zusehends erbaulicher für mich. Ich war immer noch keiner der „Kirchgänger", die vor dem Ausgang eine solch intensive Musterung seitens des UvD über sich ergehen lassen mussten, dass mir jegliche Lust dazu genommen wurde. Da war ich doch im Kompanielehrsaal vor dem Fernseher weit besser aufgehoben. Zu Hause in der Familie gab es ein solches Gerät nicht, angeblich aus „pädagogischen Gründen", da hatte ich also erheblichen Nachholbedarf.

Montag: Immer noch lag Schnee, er war vorübergehend angetaut, war dann aber wieder überfroren. Das war die Wetterlage an jenem Morgen, als die ganze 5. Kompanie mit Gewehr G3, Großem Kampfgepäck und in voller Ausrüstung auf dem Appellplatz antrat und danach die Fahrzeuge bestieg, zum Teil mit Planen abgedeckte, aber sonst offene LKWs, zum Teil Busse eines älteren Typs.

Für mich war es da noch das bessere Erlebnis, unter der Plane des LKWs zu sitzen. Doch die Sache mit dem Erlebnis relativierte sich sehr schnell, als ich vielleicht 30 Minuten später auf dem Truppenübungsplatz NORDOE, etwa 15 Kilometer nordöstlich von Glückstadt gelegen, von der Ladefläche sprang. Denn nun fing es an, sehr anstrengend zu werden. Besonders als wir in die Kunst des „tiefen Kriechens" eingewiesen wurden.

Denn obwohl die Bodenbeschaffenheit nicht wirklich dazu einlud, war fast alles, was nun von uns verlangt wurde, in Bauchlage zu absolvieren, sei es nach der freundlichen Aufforderung „Stellung!" mit dem Gewehr im Anschlag, sei es nach der Anweisung „Deckung!", was eher selten vorkam. Selbst die Fortbewegung sollte ganz überwiegend in der Bauchlage stattfinden, stets aber mit der Mahnung: „Hacken an Deck".

Früher, in der Wehrmacht, nannte man das „Robben", doch nun hieß es „tief kriechend bis auf meine Höhe vorarbeiten!", es war aber in der Sache nichts anderes. Vor allem die Ellbogen litten ziemlich unter dieser Gangart auf dem hartgefrorenen Boden, und auch die leider immer noch vorhandenen Schneereste waren da wirklich keine Hilfe. Überhaupt schien NORDOE ein Platz zu sein, an dem man sich über mangelnde Bewegung nicht beklagen konnte.

Mit „Tiefkriechen" und diversen weiteren Übungen, die zwar aufrecht, aber im Laufschritt zu absolvieren waren, ging der Vormittag herum. Ich freute mich schon auf die mittägliche Erbsensuppe „mit Einlage", die angekündigt war, da scharte Leutnant zur See Dziambor noch einmal die „Mannen des 2. Zugs" um sich und „bat" nun zum Mittagslauf.

Vielleicht war es ihm selbst kalt geworden und nun wollte er sich ein wenig aufwärmen in einer Bewegung, bei der er nicht allein sein wollte. Aber ganz so intensiv, wie er sie nun uns zumutete, wollte er für sich selbst die Aufwärmübung nun doch nicht gestalten:
Ohne Stahlhelm und ohne lästigen Ballast lief Dziambor lockeren Schritts voraus, der 2. Zug aber, voll beladen mit Gewehr, Stahlhelm, Großem Kampfgepäck und der nicht fehlen dürfenden ABC-Schutzmaske hinterher. Immer wieder fand er neue Kurse, die er mit tänzelndem Schritt in den Dünen der SAHARA von NORDOE einschlug, und meine Kondition wurde immer schwächer. Zuletzt gelang es mir nur noch mit letzter Kraft, den Anschluss zu halten. Am Ende erreichte ich zwar das Ziel, aber nur in einer Gruppe, die reichlich abgeschlagen war. Das war also nichts für den Sohn meiner Mutter, vielleicht auch nur „noch nichts", aber dem Zugführer Dziambor war das nicht entgangen, und seitdem hatte ich den Eindruck, bei ihm eine noch intensivere Beobachtung zu genießen.
Bei den anderen drei Zügen wurden auf diese Extra-Laufeinlagen wohlweislich verzichtet. Aber immerhin waren viele unseres Zuges dadurch in die Lage versetzt worden, die leckere Erbsensuppe gleich zweimal kosten zu dürfen. Nämlich runter und wieder rauf!

Der Nachmittag dieses kalten Tages unter dem grauen Himmel von NORDOE begann mit einer Ansprache des Ko-Chefs Kapitänleutnant Schmidt, der uns einen 6-Kilometer-Eingewöhnungsmarsch in Aussicht stellte, der zum Abschluss des Ausbildungstages zum Parkplatz der Fahrzeuge zu absolvieren sei.

Doch bis dahin war das zu absolvierende Programm dasselbe wie am Vormittag. Wieder und wieder hörten wir die freundliche Aufforderung: „Tief kriechend bis auf meine Höhe vorarbeiten!" Wobei die „Höhe" stets sehr variabel war, wenn der Ausbilder, kaum dass wir uns ihm angenähert hatten, sich nach rückwärts entfernte. Noch hielt ich einigermaßen mit, doch dann tat sich vor mir eine große, überfrorene Pfütze auf. Ich setzte gerade dazu an, diese in elegantem Bogen zu umgehen, als Maat Heins, der mit seiner 8. Gruppe in die Übung gleich nebenan involviert war, dies sah, sich angesprochen fühlte und mich nun sehr nachdrücklich aufforderte, mich gefälligst direkt in seine Richtung zu bewegen. Und, nur um das klar zu stellen, mit „direkt" meinte er: Direkt durch die Pfütze.

Die ersten Meter gingen noch ganz gut, ich kam auf dem Eis sogar besser voran, als gedacht. Doch dann passierte es: Das Eis brach unter mir ein, und ich sackte ein bis auf den Grund der Pfütze. Eiskaltes Wasser sprang mich an, und als ich vor seinen Stiefeln angekommen war, war ich nass bis auf die Haut, zumindest auf der Vorderseite meines Körpers. Aber dort allerdings von der Brust abwärts bis tief in die Stiefel hinein. Die Uniform klebte am Leib und schlotterte um die Beine, die Füße standen tief im Wasser. Und alles war nass und kalt!

Was Maat Heins anbetraf, so hatte er in meiner ganz persönlichen Rangliste damit so ziemlich alle Sympathiepunkte verloren, falls er sie denn je zuvor gehabt hatte. Aber vielleicht war sein selbstloser Einsatz der Grund, dass er noch vor Ende des Quartals zum Obermaat befördert wurde.

Doch das half mir im Moment nicht wirklich weiter. Meine Textilien, die ich auf dem Leib trug, hatten nun nicht mehr die ihnen zugedachte wärmende Wirkung, um mir den Rest des Nachmittags bei den vorherrschenden Minus-Temperaturen in einer halbwegs erträglichen Art und Weise zu gestalten. Aber als der Nachmittag dann doch und ganz wider mein Erwarten in einer leidlich hinnehmbaren Form geschafft war, da war es der Marsch, der mich an die Grenzen meiner Belastbarkeit führte. Richtig fröhlich dürfte ich unterwegs wohl nicht ausgesehen haben, denn Hisdorf und Ehlers nahmen sich meiner an und forderten mich auf, Teile meiner Ausrüstung an sie abzugeben. Ich nahm das Angebot zwar nur zögerlich an, aber immerhin wurde ich um das Große Kampfgepäck erleichtert. Doch mein Gewehr gab ich nicht aus der Hand. Denn, wenn schon Marine-Landkampf, dann aber nicht ohne mein G3!

Als die Kompanie nach 6 Kilometern endlich den Platz, an dem die Transportfahrzeuge bereit standen, erreicht hatte, war ich sehr froh, diesmal nicht im offenen LKW, sondern in einem der beheizten Busse untergekommen zu sein. Viele meiner Kameraden hatten wohl ähnlich unter den Temperaturen gelitten, denn nicht wenige gingen, als wir in der Unterkunft zurück waren, so wie sie waren, mit Uniform und Stiefeln, unter die heiße Dusche.

Natürlich fand das nicht den Beifall der Unteroffiziere.

An dieser Stelle sei vermerkt, dass die unkonventionelle Duschorgie umgehend abgestellt und danach auch in lautester Form kritisiert wurde. Doch zu spät, für die Kameraden, die sich zu dieser recht cleveren Lösung des Problems, tief verkühlt und gleichzeitig total verschmutzt zu sein, entschieden hatten, war diese Maßnahme von reinigender und wärmender Wirkung gewesen, was den nachfolgenden Zeugdienst sehr vereinfachte. Und genau deshalb war dieser Duschgang trotz aller Lautstärke, der sie ausgesetzt gewesen waren, eine wahre Wohltat nach diesem überaus kalten Tag in Nordoe.

Am Ende, und jetzt im Reserve-Oliv-Zeug gekleidet, brachten wir die triefend nassen, zuvor mit viel Wasser und Seife durchgeschrubbten Landkampfuniformen auf den Dachboden der Kaserne, wo sie für Tage verblieben, bis sie getrocknet und steinhart waren.

Abends, als wir immer noch mit dem weiterhin notwendigen Zeugdienst beschäftigt waren, stand plötzlich ein neues Gesicht in der Tür. Es war Bernd-Dieter Johnigk, der in unserer 6. Gruppe um Aufnahme bat. Ein Spind wurde organisiert und in die Stube gestellt, diesmal direkt neben die Tür. Dann zog er ein.

Ich fand es zwar nicht gerecht, dass ihm, der so verspätet zu uns gestoßen war, zwei Wochen der Grundausbildung „geschenkt" werden sollten, in denen wir so manche Drangsal erfahren hatten. Doch ob dies wirklich ein Vorteil war, sollte sich noch herausstellen. Denn wir hatten uns schon einigermaßen akklimatisiert und hatten viel gelernt, was er schnell nachholen musste. Ich hatte in der Gruppe selbst viel Unterstützung erfahren, und nun war auch ich bereit und in der Lage, ihm zu helfen.

Der Tag in Nordoe hatte mir nachdrücklich gezeigt, dass es um meine Kraft und Kondition doch nicht so gut bestellt war. Auch wenn es mir nicht angenehm gewesen war, so war ich doch ganz froh darüber, von den Kameraden unterstützt worden zu sein. Zwar ist man als Soldat, wie wir im Zugunterricht gelernt hatten, zur Kameradschaft verpflichtet gemäß Paragraf 12 des Soldatengesetzes, aber ganz so selbstverständlich war das nicht.

Dennoch, es gab schon zu Beginn eine Kameradschaft, denn wir alle teilten das Los, den Vorgesetzten in irgendeiner Form ausgeliefert zu sein und Aufgaben zu erfüllen, die nur mit gegenseitiger Unterstützung zu erfüllen waren. Kurz gesagt, unsere Gegner waren die Maate, Obermaate und vor allem der Leutnant Dziambor, und gegen diese konnten wir nur bestehen, wenn wir zusammenhielten, und das taten wir. Und zwar an jedem Tag, der früh um 0545 Uhr begann und, jedenfalls wenn nichts Wesentliches dazwischen kam, pünktlich abends um 2200 Uhr beendet war. Erst wenn wir im Feldbett der Schlafstube lagen, konnten wir einigermaßen sicher sein, wieder einen Tag in der Grundausbildung hinter uns gebracht zu haben. Absolut sicher konnten wir aber sein bezüglich der viertelstündigen NATO-Pause, die in der gesamten NATO um Punkt 1000 Uhr begann. Ohne sie war ein korrekter Dienst wohl gar nicht denkbar.

Johnigk, der mit 14 Tagen Verspätung zu uns gestoßen war, hatte bald durch die Unterstützung der Kameraden in allen Belangen den Anschluss gefunden. Auch wenn er ziemlich zurückhaltend war, so war er doch gut gelitten und nahm bald den Platz ein, der ihm gebührte.

Von nun an sollte es jeden Montag zum Landkampf nach NORDOE gehen. Am Anfang vielleicht etwas langsam, dann aber immer schneller wurde jetzt meine körperliche Verfassung besser. Hatte ich beim ersten Mal noch allergrößte Mühe gehabt, dem flotten Mittagslauf des Zugführers Dziambor zu folgen, so hielt ich nun besser mit. Bald konnte ich mich im Mittelfeld halten und beim letzten Mal, als ich in den Genuss dieser stets sehr herausfordernden Übung kam, war ich so nah an den Hacken des Zugführers geblieben, dass ich als 6. von den 52 Mann des Zuges ins Ziel kam. Viele haben das damals vielleicht nicht bemerkt, aber mir persönlich war es wichtig, voll und ganz mitzuhalten, und genau so wichtig war es mir, dass Dziambor, der seine Augen wie immer überall hatte, auch davon Notiz nahm. Wer weiß, wozu dieser persönliche Erfolg noch einmal gut sein sollte.

Und was die Mittagsverpflegung in Nordoe anbetraf, die jedes Mal in Form einer wohlschmeckenden Erbsensuppe mit Bockwurst am Versorgungswagen zu empfangen war, so lernte ich, damit umzugehen. Ich ließ sie weg.

Doch wenn mich der Hunger doch überzeugte, sie zu nehmen, dann kam ich regelmäßig in den Genuss, sie, wie schon erwähnt, zweimal zu kosten. Aber so schlecht war das auch nicht, zumal sie mir immer gut schmeckte, auch rauf.
Ich kam jetzt im Gelände besser klar, und dennoch hatte es lange gedauert, bis sich das mulmige Bauchgefühl, das mir den Nachmittag des vorausgehenden Sonntags so oft vermieste, verflüchtigt hatte.

Zwar waren wir in der 6. Gruppe durchaus der Meinung, mit Obermaat Kohl einen an sich ganz verträglichen Gruppenführer erhalten zu haben. Aber Ausreißer, die diesem Eindruck entgegenstanden, gab es eben dennoch. So auch an dem Tag, als wir landkampfmäßig mit der ABC-Schutzmaske vertraut gemacht werden sollten. Obermaat Kohl war schlecht gelaunt, vielleicht hatte ihm die Gattin am Wochenende zuvor die eheliche Pflicht versagt oder was auch immer. Jedenfalls scheuchte er uns, die wir bei der gegebenen Belastung ohnehin unter der Maske nach Luft ringen mussten, mit Heftigkeit durch die sandige Gegend von Nordoe. Immer wieder hörten wir die Befehle „Sprung auf! Marsch! Marsch!" und „Stellung!" Zuletzt mussten wir, ein ums andere Mal und immer schneller, einen Dünenhügel erstürmen, und zwar so lange, bis die ersten unserer Gruppe ins Wanken kamen. Und nur um zu vermeiden, dass jemand seinen Frust in die ABC-Schutzmaske hinein kotzte, hielt er inne. Es kam keinen Augenblick zu früh.

Meistens war er aber eher ein gemütlicher Vorgesetzter mit Interesse an Rauchpausen. Das hieß dann für uns, sich in die Büsche zu schlagen, um „Täuschen und Tarnen" zu üben, und dann, wenn das so gut gelungen war, dass Dziambor uns nicht mehr unter Kontrolle hatte, kam die Order „Feuer frei!".
Bei Smalltalk und friedlichem Tabakkonsum war auch bald dieser Übungsteil der Realität angepasst. Schon bald hieß diese Übung in der 6. Gruppe deshalb nicht mehr „Täuschen und Tarnen", sondern „Täuschen, Tarnen und Verpissen"! Aber bis das soweit war, das hat dann doch noch einige Zeit gedauert.

I: Landkampf in Nordoe

Nach dem ersten Übungstag in Nordoe war klar, dass der Montag der Höhepunkt der ganzen Woche war. Hatten wir diesen Tag hinter uns, dann schien alles, was danach noch kommen konnte, eher unwesentlich. Dennoch hatte ich da einige Anmerkungen zu unserem ersten Tag in Nordoe, denn neben all den körperlichen Anstrengungen waren es oft Kleinigkeiten und Nebensächlichkeiten, die mir das Leben im Gelände erschwert hatten:

Der nicht sehr solide am Kopf befestigte Stahlhelm hatte die Gewohnheit, bei jeder ruckartigen Bewegung in die Bauchlage dermaßen nach vorne zu rutschen, dass mir jedes Mal die Sicht genommen war. Es mag ja sein, dass der Stahlhelm im echten Gefecht von Vorteil ist, hier aber hatte er mich nur gestört.

Oft war mir auch die ABC-Schutzmaske im Wege gewesen, die üblicherweise am Rücken rechts unter dem Koppel getragen wurde. Ich nannte zwar immerhin die modernere, vielleicht auch etwas leichtere Version in der gummierten Umhängetasche mein Eigen, aber auch diese hatte die Angewohnheit, sich in jedem passenden und unpassenden Moment selbstständig zu machen und am Körper herumzuvagabundieren.

Wirklich gut dagegen war das Koppeltragegestell, in das bei Bedarf das Große Kampfgepäck auf der Rückseite eingehängt werden konnte. Ohne dieses Tragegestell wäre das Koppel nicht in der Lage gewesen, den Spaten, das Kampfmesser und die 4 Patronentaschen zu halten, in denen neben den 3 Magazinen mit je 20 Schuss auch das Reinigungsgeschirr für das Gewehr mitgeführt wurde.

Nachteilig beim Koppel selbst war es allerdings, dass es unter dem Koppelschloss nur eingehakt wurde. Wurde das Koppel locker getragen, war es fast unvermeidlich, dass es sich, meist im unpassendsten Moment, öffnete.

Das Große Kampfgepäck war so eine Art Tornister zur Aufnahme allerlei wichtiger Dinge. Und diese waren:
Die Feldflasche, die auch am Koppel getragen werden konnte, das Kochgeschirr mit Besteck und Esbit-Kocher zur Erwärmung von Nahrungsmitteln und Getränken, das Verbandspäckchen sowie ein sehr solide gewirktes Wachstuch, das entweder als Regenumhang oder als Zeltbahn für die eine Hälfte eines Zwei-Mann-Zeltes Verwendung finden konnte. Dazu gehörte auch das hochgerühmte und vielseitig verwendbare Dreieckstuch, soweit es nicht längst seinen Platz in der Seitentasche der Kampfanzugshose gefunden hatte.
Daneben gab es ausreichend Platz für die „EPA", jene beliebte Einmannpackung der Bundeswehr, die entweder in vollem Umfang ausgegeben wurde oder um die Dose reduziert, wenn deren Inhalt in einer Gulaschkanone bereitet werden sollte. Aber auch sonst enthielt die EPA eine Menge an Essbarem und Nützlichem, von dem hier nur einiges erwähnt werden soll:
Dosenbrot, schwarz (sog. Bremsscheiben), Hartkekse in der Plastik-Verpackung (Panzerplatten), Schmalzfleisch, Jagdwurst, Leberwurst, Marmelade und Streichkäse. Das Letztere jeweils in der soliden Alu-Tube.
Dazu Teebeutel, Kaffeepulver, Kaffeeweißer, 2 Tüten mit Fruchtsaft, ein Stück Schokolade, Salz und Zucker. Komplettiert wurde dieses Konvolut mit Streichhölzern, Angelhaken und einigen Lagen an Papier zur allfälligen Benutzung auf dem Donnerbalken von Nordoe. :I

Gegen Ende April war das Wetter immer noch frostig, wenn auch der Schnee weitgehend getaut war. An sich war das weniger ein Problem im alltäglichen Dienst, nicht so aber in Nordoe. Denn nun hatte die 5. Kompanie die erste Zwei-Tage-Übung zu absolvieren. Also diesmal mit Übernachtung im Freien.

Am Großen Kampfgepäck wurde nun der gummierte, olivbraune Mumienschlafsack angehängt, und im Inneren des Kampfgepäcks war ohnehin schon jene bereits erwähnte wasserdichte Plane vorgehalten, die einerseits als Regenumhang dienen konnte, andererseits aber auch als die eine Hälfte eines Zwei-Mann-Zelts. Mit anderen Worten, zwei dieser Regenbahnen ergaben, entsprechend zusammengeknöpft und aufgebaut mithilfe zweier dünner Teleskop-Stangen, einiger Metallhaken und etlicher Bindfäden, ein Zelt, wenn auch nur ein sehr dürftiges.

Mit Hisdorf zusammen baute ich das Zelt auf, das unsere Unterkunft für die Nacht werden sollte. Technisch war das Zelt einfach und schnell herzustellen. Doch um das Zelt auf der Außenseite vor eindringendem Regenwasser zu schützen, wurde ein schmaler Graben gezogen und das ausgehobene Erdreich zu einem kleinen Deich genutzt. Eigentlich fehlte jetzt nur noch ein Zeltboden, doch den gab es nicht, und der war auch nicht vorgesehen. Selbst eine heute nie fehlen dürfende Iso-Matte war nicht vorhanden, da blieb uns nichts anderes übrig, als in voller Montur in den gummierten BW-Schlafsack zu kriechen und trotz fehlender Unterlage auf Schlaf zu hoffen. Bei mir blieb dieses Unterfangen leider vergeblich, denn meine Füße, die immer noch in den Stiefeln steckten, wurden und blieben auch danach noch so eisig kalt, dass ich, ganz im Gegensatz zu Konni, die ganze Nacht über kein Auge zumachen konnte. Da war ich froh, als morgens der Weckruf ertönte und danach ein siedendheißer Kaffee am Versorgungswagen ausgegeben wurde, der mich von innen wieder aufwärmte.

Der Rückmarsch am Ende des Tages in Richtung Kaserne war nun auf 10 Kilometer erhöht, bis wir in die Transportfahrzeuge klettern konnten. Geplant war damit, die Marschleistung stetig zu erhöhen, dass der am Ende der Grundausbildung und im Anschluss an die zweitägige sogenannte „Härteübung" stattfindende 30 Km-Marsch von jedem zu bewältigen war.

Erst am Anfang Mai wurde das Wetter besser, dann aber deutlich. Nun war auch in Nordoe das öde „tief kriechend bis auf meine Höhe vorarbeiten" kaum noch ein Thema, selbst das „Gleiten", das möglichst „unterhalb der Grasnarbe" stattzufinden hatte, wurde nun eher seltener verlangt. Aber auch so waren wir längst in der Lage, die Erde von Nordoe am Geschmack zu erkennen.

Im Vordergrund standen jetzt das beliebte „Täuschen und Tarnen", der Handgranatenweitwurf, und einmal wurden wir auch mit der bei Bedarf höchst segensreichen Panzerfaust bekannt gemacht. Dazu kam das Bewegen im Gelände, gerne auch mitten durch den modderigen, oberschenkeltiefen See, von dem behauptet wurde, es gebe dort Schlangen.

Dieser Übungsteil hatte stets zur Folge, dass die Stiefel voller Wasser waren, das beim besten Willen nicht mehr veranlasst werden konnte, sich vollends zu verflüchtigen. Das war dann auch der Grund, dass ich nach einer ersten Erfahrung dieser Art das Schuhwerk wechselte. In Nordoe trug ich statt der Knobelbecher fortan nur noch die Schnürstiefel mit Gamaschen.

Als gar nicht so schlecht, wie es zunächst den Anschein gehabt hatte, erwiesen sich die zur Jacke eingekürzten, taubenblauen und doppelreihig geknöpften ehemaligen Luftwaffenregenmäntel, die wir an der Stelle des Parkas trugen. Uralt und deshalb weich und geschmeidig, so waren sie dennoch einigermaßen warm bei kaltem, doch auch luftig genug bei wärmerem Wetter, das jetzt immer öfter vorherrschte. Die tiefen, seitlichen Einschubtaschen vermittelten sogar einen Hauch von Bequemlichkeit.

Üblicherweise war die Mündung des G3-Gewehrlaufs mit einem Feuerdämpfer versehen, der es dem Gegner unmöglich machen sollte, den Feuerblitz beim Schuss zu erkennen. Um eindringende Nässe abzuhalten, wurde darüber eine Art Hartplastik-Präservativ gesteckt. Im Gelände wurde jedoch der Feuerdämpfer abgeschraubt und durch eine sog. „Mündungsbremse" ersetzt, die dafür sorgen sollte, den geringeren Gasdruck der Platzpatronen so auszugleichen, dass die notwendige Repetierfähigkeit des Verschlusses erhalten blieb. Das heißt: Ohne besagte Mündungsbremse waren bei den Platzpatronen weder der Feuerstoß noch das Dauerfeuer möglich. Und das war ein Ding der Unmöglichkeit, denn von beidem wurde gerne und oft Gebrauch gemacht.
Als sich die Körperkräfte, auch bei mir, der Belastung soweit angepasst hatten, dass das Bedürfnis nach Spaß und Scherz in jugendlichem Übermut wieder um sich griff, da schraubten wir doch gerne einmal diese Mündungsbremse ab. Nicht nur kleinere Zweige konnte man mit der Platzpatrone abschießen, sondern auch - bei aufgesetztem Lauf - blaue Flecke am Oberschenkel der Kameraden erzeugen.

Der für mich vorletzte Einsatz in Nordoe war wieder eine Zwei-Tage-Übung, in der Konni und ich vom Zugführer den Spezialauftrag erhielten, eine „feindliche Stellung" zu erkunden. Wir zogen los, immer schön in Deckung, um nicht von einer der umherstreifenden Gruppen eines anderen Zuges erkannt und gefangen genommen zu werden. Wir schlichen durch Feld, Wald und Wiese und bezogen zum Schluss Stellung auf einem Dünenkamm. Ohne genauere Kenntnis zu haben, wie diese Aufklärung nun schriftlich festzuhalten sei, begann ich mit Bleistift und einem Stück Papier, eine Zeichnung zu machen. Aber es war mir schon bewusst, dass ich weder Karte und

Kompass hatte, noch einen Fixpunkt, auf den ich mich hätte beziehen können. Das einzige, was ich überhaupt zur Verfügung hatte, waren der Stand der Sonne und die Uhrzeit. Doch dass das nicht ausreichend sein konnte für eine genaue Ortsbestimmung, war mir klar, auch wenn ich von Navigation zu dieser Zeit noch keine „Ahnung" hatte. Als nach der Rückkehr Dziambor danach fragte, begnügte ich mich deshalb mit mündlichen Erklärungen. Die Zeichnung jedoch gab ich nicht heraus, denn den Gefallen, mich „ins Messer laufen" zu lassen, den wollte ich ihm nicht tun. Am Ende war Dziambor aber auch so zufrieden.

Der Rückmarsch zum Gefechtsstand war übrigens doch nicht so undramatisch wie erhofft. Tatsächlich stießen Konni und ich auf einen Trupp, der uns „hops" nehmen wollte. Es waren zwar Leute vom 3. oder 4. Zug, also Leute, die von der Statur her kleiner waren, aber dafür waren sie deutlich in der Überzahl. Als der Angriff kam, wehrten wir uns mit Händen und Füßen, und auch das G3 kam als Schlagwaffe zum Einsatz. Letztlich konnten wir entkommen, doch mein schönes G3 hatte Schaden genommen, denn ein massiver gegnerischer Schlag hatte es an der Visiereinrichtung getroffen. Was dort vorher rund gewesen war, war nun nur noch halbrund. Das drehbare Visier, durch das hindurchgeschaut werden musste, wenn gezielt geschossen wurde, war abgeplattet und ließ sich nicht mehr drehen. So jedenfalls konnte die Entfernung nicht mehr eingestellt werden, und damit war das Gewehr unbrauchbar für jegliche Benutzung im scharfen Schuss.

Als ich damit später zur Waffenkammer ging, löste dieser Schaden keine Freude aus. Eine schnelle Reparatur „mit Bordmitteln" war nicht möglich, und das bedeutete eine Menge an Papierkrieg für die Herrn Unteroffiziere der Waffenkammer. Letztlich gab ich das Gewehr ab und bekam ein neues ausgehändigt. Doch dieser Wechsel war nicht von Vorteil für mich, denn beim nachfolgenden Schießen auf dem Standort-Schießplatz von Itzehoe-Basten hätte das Gewehr erst wieder eingeschossen werden müssen. Doch das unterblieb aus Zeitgründen, und entsprechend weniger gut war mein Schießergebnis.

Zur Abendzeit, aber da war die Dunkelheit bereits hereingebrochen, wurde der 2. Zug in dieselbe Gegend geführt, die Konni und ich am Nachmittag noch aufgeklärt hatten. Diesmal gingen wir jedoch nicht in den Dünen in Stellung, sondern in einem Schützengraben. Von den Zugführern des 1. und 2. Zuges, Oberleutnant Rahn und Leutnant Dziambor, wurden wir darüber aufgeklärt, dass gleich ein Angriff des 1. Zuges, der gegenüber im Wald lag, auf unsere Stellung stattfinden würde. Diese Übung sollte uns das Bild eines realistischen Nachtkampfes vermitteln.
Wir lagen im Schützengraben, das Gewehr im Anschlag, bereit uns zu wehren mit allem, was wir hatten. Noch war nichts zu sehen, und nichts war zu hören in der Finsternis, die uns umgab. Nicht einmal der Mond ließ sich blicken. Alles war still.

Doch dann kamen aus der Ferne Geräusche zu uns herüber. Wir hörten Waffengeklirr, Metall schlug auf Metall. Erst nur ganz leise, dann nach und nach lauter. Gedämpfte Befehle, einige Rufe drangen ans Ohr, nun hörten wir auch das Geräusch stampfender Stiefeltritte, die sich annäherten. Mir kam das in dem Moment so vor, als wären wir im Abwehrkampf in Russland.

Halblaut befahl der Zugführer Dziambor: „Schießen erst auf mein Kommando!", während wir bereitlagen hinter den Gewehren, mit dem Finger am Abzug.
Dann stürmten die Kameraden vom 1. Zug mit lautem Hurra heran. Erst als die Angreifer nur noch wenige Meter entfernt waren, kam endlich der erlösende Befehl: „Feuer frei!"
Nun brach die Hölle los. Dauerfeuer aus allen Rohren!

Doch wir schossen nur mit Platzpatronen, die nichts und niemanden aufhalten konnten. So kamen die Angreifer noch immer auf uns zu, und ich bereitete mich schon auf das unvermeidliche Handgemenge vor, sollten sie in den Graben einbrechen.

Doch soweit kam es nicht. Rahn und Dziambor sprangen dazwischen, Befehle und gellende Trillerpfeifen stoppten die Übung im letzten Moment.
Tatsächlich hatten wir die „Angreifer" in der Dunkelheit gar nicht zu Gesicht bekommen, aber trotzdem empfand ich diesen nächtlichen Angriff als tief beeindruckend.

Das war allerdings nur die Aufwärmübung für diese Nacht. Die gesamte 5. Kompanie sammelte sich nun, und von jeder der 16 Gruppen wurden jetzt zwei Mann zum Kompaniegefechtsstand befohlen. Hier erfolgten nun die Anweisungen für den „Nachtorientierungsmarsch", der gleich danach stattfinden sollte.

Karten, Taschenlampen und weitere Unterlagen wurden am Tisch des Gefechtsstandes ausgegeben, danach wurden die Einzelheiten des Unternehmens erläutert: Jeweils im Abstand von 5 Minuten sollte eine Gruppe nach der anderen starten und verschiedene angegebene Punkte anlaufen, wo dafür eingesetzte Unteroffiziere an einem Tisch mit abgedunkelter Beleuchtung bereit saßen, um nach Ankunft einer Gruppe Anwesenheit, Zeit und Vollzähligkeit zu prüfen und zu dokumentieren. Danach war der nächste Punkt anzulaufen, wo exakt dasselbe stattfinden sollte. Der letzte Punkt in dieser nächtlichen Übung sollte am Ende wieder der Gefechtsstand der 5. Kompanie sein, an dem die möglichst vollzähligen und per Unterschrift und Stempel dokumentierten Papiere abgegeben und ausgewertet werden sollten.

Was uns erwartete war also so etwas wie ein Wettrennen, bei dem es wichtig war, so früh wie irgend möglich und vor allem vollzählig am Endziel anzukommen. Es ging somit darum, sich trotz Zeitdruck in der Dunkelheit des Geländes zurecht zu finden und die Gruppe geschlossen zu halten, auch wenn mit Ereignissen zu rechnen war, die uns die Absolvierung der etwa 10 Kilometer langen Strecke erschweren würden.

Die Ereignisse, die auf uns warteten, waren, wie wir bald feststellen sollten, Sprengfallen, optische und akustische, sowie körperliche Angriffe, um Gruppen zu zersprengen oder einzelne Kameraden abzufangen.

Als das Startsignal für die 6. Gruppe kam, hetzten wir los. Alle hintereinander, der Fähnrich vorneweg. Immer wieder musste eine kurze Pause gemacht werden, in der Welsch und Warnick mit Hilfe von Kompass und Karte den Weg zum nächsten Kontrollpunkt bestimmten. Das kostete zwar Zeit, aber die holten wir mit Einsatz und anhaltendem Laufschritt wieder auf. Bald hatten wir die erste Station erreicht, im Licht der Taschenlampen wurde der Papierkrieg betrieben. Dann ging es weiter.

Auch wir gerieten in Lichtfallen, die eigens für uns ausgelegt waren, auch bei uns wurde versucht, durch Werfen der Übungshandgranaten vom Typ DM12, die immerhin 3 Gramm TNT enthalten und entsprechend laut detonieren, die 6. Gruppe zu zerstreuen und Kameraden abzugreifen. Doch wir hielten stand, wehrten ab und erreichten am Ende geschlossen das Ziel.

Vielleicht waren wir als 6. Gruppe auch an 6. Stelle gestartet, jedenfalls lagerten wir noch lange auf einer nachtfeuchten Wiese, bis sich alle Gruppen eingefunden hatten. Aber auch dann lümmelten wir uns noch lange im Gras, bis die 5. Kompanie zusammengerufen und vom Ko-Chef das Ergebnis verkündet wurde. Das Ergebnis war für die 6. Gruppe überraschend.

Wir hatten den 2. Platz gemacht! Wir waren tatsächlich Zweiter von 16 geworden, das konnte sich sehen lassen! Erster war die 7. Gruppe unseres 2. Zuges geworden, die im Block SACHSEN die Nachbarstuben belegte. Da hatten die Mittagsläufe also doch etwas bewirkt.

Danach ging es zurück zum Biwak. Alle zusammen, aber Gruppe für Gruppe, und im gemäßigten Schritt. Endlich zeigte sich auch einmal der Mond, wie es sich für eine waschechte Mondscheinkompanie gehört.

Die Nacht danach im Zelt war nur noch kurz, der nachfolgende Tag im Gelände verlief unauffällig und ohne Erinnerungen zu hinterlassen. Doch der Rückmarsch, der zum Ende der Zweitage-Übung angesetzt worden war, hatte nun die ansehnliche Länge von 20 Kilometern.

Der Tag war heiß, als um 1300 Uhr der Rückmarsch begann, keine einzige Wolke schmälerte die Macht der Sonne. Doch trotz der Hitze gab es keinerlei Probleme im Bereich des 2. Zuges. Da waren wir doch sehr überrascht, als wir uns dem angewiesenen Zielort annäherten und dort im Vorbeimarsch einen Kameraden des 1. Zuges zur Kenntnis nehmen mussten, der schweißnass und „völlig erschossen", halb sitzend und halb liegend, am Rad eines der LKWs lagerte. Der Stahlhelm lag neben ihm, die Feldbluse war weit aufgerissen, ihm wurde Luft zur Kühlung zugefächelt, und trotzdem war es ein Bild, das nicht gut aussah.

Ganz offensichtlich war die Körpergröße der Kameraden des 1. Zuges nicht unbedingt die Gewähr dafür, die Belastungen eines solchen Marsches besser zu ertragen. Bald kam ein Sanka und holte ihn ab.

Die 5. Kompanie jedoch erreichte danach ohne weitere Verzögerungen die Kaserne. Wir sprangen von der Ladefläche, traten an, und dann kam der Befehl, auf den alle nur noch gewartet hatten: „Wegtreten auf Stube zum Zeugdienst!"
Wir von der 6. Gruppe tobten die Treppe hinauf, nahmen den Weg nach links, stürzten in die Stube ... und ließen uns dann erst einmal auf den Boden fallen. Es folgte ein Moment des Innehaltens bei absoluter Stille. Dann schaltete irgendjemand das Radio ein, das auf der Anrichte zwischen den Fenstern stand. Es erklang eine Musik, so passend in diesem Moment und doch wie von einem anderen Stern, der Hit des Frühjahrs 1966:

„The sound of silence" von Simon & Garfunkel.

Das war kein Zufall, denn es lief zu dieser Tageszeit die Hitparade, und dieser Song war seit Wochen die Nr. 1. Er wurde jedes Mal genau in dem Moment gespielt, als wir vom Truppenübungsplatz Nordoe zurückgekehrt, auf der Stube angekommen waren und uns nun diesen einen Moment des Innehaltens gönnten. Dieser Song war unser Song, und er sollte es bleiben bis zum letzten Tag der Grundausbildung. Und erst wenn wir diesen Song gehört hatten, war der Landkampf an diesem Tag für uns wirklich zu Ende.

Den Zeugdienst danach mussten wir dennoch machen. Das bedeutete nicht nur das Säubern der Uniform und der Schuhe. Das bedeutete vor allem auch das Reinigen des Gewehrs, durch dessen Lauf wir mit der dafür in einer der Munitionstaschen vorhandenen Kette die ebenfalls dort vorhandenen Bürsten und Lappen zogen. Und selbst wenn wir uns auch noch so viel Mühe bei der Reinigung und Einölung der Innenflächen des Laufs gegeben hatten, so hieß es nach der Kontrolle doch immer wieder: „Da sind ja noch Felsen drin!"

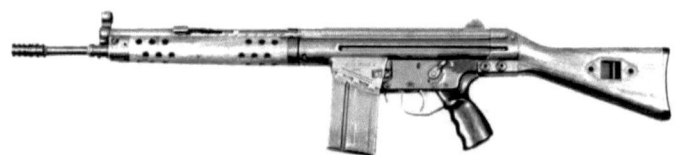

Das Gewehr G3 - linke Seite mit dem Einstellungshebel:
S für gesichert, F für Einzelfeuer, D für Dauerfeuer.
Das G3 war und ist auch heute noch eins der besten und erfolgreichsten Gewehre weltweit.

I: Der Zeugdienst:

Unter dem Zeugdienst versteht man u. a.:
die Waffenreinigung, die Reinigung der Ausrüstung und die der Bekleidung sowie die Wiederherstellung oder Herstellung der akkuraten Spindordnung.

Beim Gewehr G3 bedeutete dies im Wesentlichen die Reinigung und die Ölung des Laufs. Sollte das G3 nicht auseinandergenommen werden, genügte es, das Magazin abzunehmen, den Ladehebel zu ziehen und einrasten zu lassen. Danach ist der Verschluss offen und der Lauf einsehbar. Senkrecht gestellt, ließ man nun die Kette aus dem Reinigungssatz durch den Lauf rutschen, bis am anderen Ende eine Messingbürste angehängt werden konnte. Diese wurde danach durch den Lauf gezogen. Dies mehrfach, danach mit der Filzbürste und zuletzt mit dem ölgetränkten Lappen.

Bügeln: Ohne Bügeleisen kein Zeugdienst!

Gebügelt wurden vor allem die Hosen zur Herstellung von Bügelfalten und Glättung, dazu alles, was sich zum Bügeln eignete: Insbesondere die Ex-Kragen und die Fliege auf dem Knoten. Dabei konnte der angefeuchtete, unbeschriebene weiße Rand einer Zeitung zum Weißen und Plätten genutzt werden.

Kleine Tipps: Beim Weiß-Zeug eignete sich auch Kreide oder Zahnpasta zur Vortäuschung einer blütenweißen Reinlichkeit. Beim Putzen der Schuhe war darauf zu achten, dass der zwischen den Laufsohlen befindliche Steg ebenfalls mit Schuhcreme versorgt wird. Beim Glanzbürsten wirkte es manchmal Wunder, etwas Spucke zu Hilfe zu nehmen. Um die blauen Marinehosen beim Anziehen vor dem Feinstaub des Bodens zu schützen, empfahl es sich, dazu auf einen Stuhl zu steigen. :I

Mit Bernd waren wir 13 Mann auf der Stube, aber wenig später kam noch ein 14. dazu. Es war ein persischer Seekadett namens Samir, den der persische Schah nach Deutschland geschickt hatte, um hier grundausgebildet zu werden. Schon gleich nach seinem Eintreffen erzählte er uns brühwarm und total begeistert von seinen Erlebnissen auf St. Pauli. Sein Bruder, der auch zur Ausbildung in Deutschland war, hatte für ihn in der Herbertstraße eine Stange Geld gelöhnt, um ihn in die Geheimnisse der körperlichen Liebe einführen zu lassen. Hätte er es dabei belassen, uns nur delikate Einzelheiten zu nennen, so wäre dies sicher bei dem Rest der 6. Gruppe auf Interesse gestoßen, aber seine Globalberichte und Andeutungen gingen uns schon bald auf die Nerven.

Besonders unangenehm wurde es mit ihm, als er von uns verlangte, ihm die Schuhe zu putzen und den Spind aufzuklaren. Denn er sei doch schließlich Seekadett, und wir als Matrosen hätten gefälligst auszuführen, was er befahl. Doch das einzige was passierte war, dass wir ihn erst ungläubig ansahen und danach herzlich auslachten. Das brachte ihn auf und machte ihn wütend, es kam zur lautstarken Diskussion, und danach war er nur noch sauer und still. Es kann gut sein, dass während dieser verbalen Auseinandersetzung von einiger Lautstärke auch das Wort „Kameltreiber" gefallen ist.

Nun denn, sehr lange war er nicht da, und als er weg war, hat ihn auch niemand vermisst. Danach waren wir wieder 13 Mann auf der Stube, das war gut so, und das blieb so bis zum Ende der Grundausbildung.

Dass die 5. Kompanie zur Marine gehörte, war manchmal auf den ersten Blick kaum zu erkennen. Zu oft liefen wir im Oliv-Zeug mit Stiefeln durch die Kaserne, genau so wie beim Heer auch. Gut, am Wochenende wurde „Blauzeug" getragen, entweder die „1. Garnitur, blau", wenn Ausgang oder Ähnliches bevorstand, oder die „2. Garnitur, blau" am Sonntag im Kasernengelände. Das waren die marinetypischen Klapphosen mit dem weiten Eingriff im vorderen Bereich, und das war, zumindest zur Winterzeit, die kratzige blaue Bluse mit dem goldenen Stern auf dem Ärmel, in etwa in der Höhe, wo üblicherweise geimpft wurde. An den Füßen trug man schwarze halbhohe Socken und schwarze Schuhe, auf dem Kopf, allerdings nicht in geschlossenen Räumen, die blaue Matrosen-Tellermütze. Letztere bestand aus einem Mützengestell und dem blauen Mützenbezug, der durch den dort eingepassten Drahtbügel entfernt an einen stark verkleinerten Hubschrauberlandeplatz erinnerte.

Um diesem etwas steifen Bild die Strenge zu nehmen, flatterten am Hinterkopf die beiden Mützenbänder lustig im Wind umher, so er denn wehte. Die freien Enden waren ca. 35 Zentimeter lang und waren zwar akkurat, aber nicht rechtwinklig abgeschnitten, wie man es annehmen könnte, sondern im Winkel von 45 Grad, und mit den Spitzen nach außen. Alle, die entweder „zum Kirchgang" die Kaserne verließen, oder so wie ich, in der Kaserne blieben, trugen diese Uniform, die bei kühlem oder regnerischen Wetter noch mit einer soliden Jacke, dem blauen „Colani" in der Ausführung „Winter" oder in der Ausführung „Regen" komplettiert wurde. Dieser in der Marine zudem auch als „Wäsche achtern" bezeichnete Matrosenanzug wurde ferner zu förmlichen Anlässen wie dem Wachdienst getragen. Speziell bei

Letzterem jedoch mit den Seestiefeln, die Hosenbeine „mit 2 halben Schlägen" auf Wadenhöhe verkürzt, und mit dem Koppel versehen. Je nach Art des Wachdienstes wurde dazu das Gewehr G3 getragen oder die Pistole P1 am Koppel. Die Magazine waren dann jeweils mit fünf Schuss scharfer Munition geladen.

Für den seltenen Sportunterricht, der entweder in der Sporthalle bei Circuittraining oder Handball stattfand, waren wir mit einem Sportzeug ausgerüstet, das zwar brauchbar, aber gemessen an der gängigen Mode der Zeit extrem antiquiert war. Sogar mit einer Badehose waren wir ausgestattet, die auch blau war, aber mit der Form einer zivilen Ausführung kaum Ähnlichkeit hatte, sondern eher mit einer wollenen Damenunterhose aus den 1940-er Jahren. Beides, Sportzeug wie Badehose, war notwendig, denn neben der Sporthalle, deren Bodenbelag aus den Sägeschnittflächen senkrecht eingelassener Holzpfosten bestand und deshalb sehr uneben war, gab es auf dem Kasernengelände einen Sportplatz und ein Schwimmbad.

Man sollte meinen, dass man mit den bereits erwähnten BW-Unterhosen bei modisch eingestellten Damen, mit denen man beim Landgang in Kontakt kommen konnte, hätte ins Hintertreffen geraten können, aber es war genau das Gegenteil der Fall. Wie ich mir habe sagen lassen, waren diese Unterhosen gerade wegen der großzügigen Eingriffmöglichkeit in hohem Ansehen.

Um das Thema „Bekleidung" abzuschließen, darf ich erwähnen, dass im allgemeinen Marinejargon und außerhalb des Offiziellen die Garnitur „Geige" genannt wurde. Zum Landgang trug man also „1. Geige" und zu dienstlichen oder halbdienstlichen Anlässen die meist ein wenig schlechtere „2. Geige".

Neben der Ausrüstung in Blau und Oliv, hatte man uns für den Alltagsgebrauch auch mit weißen Takelpäckchen ausgestattet, die mit den schwarzen Socken und den rötlich braunen Bordschuhen aus Segeltuch getragen wurden. Diese Takelpäckchen bestanden aus weißem Drillich, man trug sie mit Exkragen, aber ohne Tuch und Knoten, es sei denn, es war ein ausgemustertes Exemplar empfangen worden, das vormals die weiße Sommerbluse der „1. Geige" gewesen war. Hier war es nicht nötig, sich vorher den Exkragen umzubinden, denn hier war der blaue Exkragen mit den drei weißen Streifen, die an die Siege des englischen Seehelden Nelson erinnern sollten, schon fest integriert. Die Kopfbedeckung beim Takelpäckchen war das blaue „Schiffchen".

Diese Takelpäckchen trugen wir beim Unterricht der diversen Art, im Kompanielehrsaal sowie beim „Kutterpullen" auf dem Rhin oder auf der Elbe. Letzteres war eine der wenigen Tätigkeiten, die in der Grundausbildung marinetypisch war. Bei den Kuttern handelte es sich um offene Holzboote von einiger Länge, die zwar auch gesegelt werden konnten, von uns aber nur mit Riemen und Muskelkraft bewegt werden sollten.
Das Kutterpullen wurde, wie beinahe alles, zugweise durchgeführt. Deshalb war es nur der 2. Zug, der nun vor dem Block SACHSEN Aufstellung nahm, in Anzug Takelpäckchen, Bordschuhe und Schiffchen. So enterten wir die LKWs und ließen uns unter Führung der Gruppenunteroffiziere in die Stadt fahren. Gleich nach Passieren des Marktplatzes war der Transport zu Ende, wir, also die vier Gruppen des 2. Zuges, traten auf dem Bürgersteig an, in Reihe zu drei Gliedern. Dann hieß es „Rechts um, im Gleichschritt Marsch!".

Nach einer kurzen Strecke in gleichem Schritt und Tritt bogen wir in die Straße „Am Alten Hafen" ein, die am Binnenhafen entlang führt bis ganz an dessen Ende, überquerten danach im Gänsemarsch und „ohne Tritt", damit kein Schaden angerichtet wurde, die sehr schmale Sperrwerksbrücke und befanden uns danach auf dem Südufer des Binnenhafens.

Das Gelände, das wir betraten, machte einen etwas unaufgeräumten Eindruck und war auch nur mit wenigen Schuppen bebaut, jedenfalls im Nahbereich. Auch wenn man es nicht sofort erkennen konnte, so war doch dieses Gelände tatsächlich eine Halbinsel, die im Norden vom Binnenhafen, im Westen vom Außenhafen und im Süden von dem Flüsschen Rhin gebildet wurde. Und dort, am Ufer des Rhin, stand das Bootshaus der Marine.

Eine nicht sehr bedeutende Ausnehmung am Ufer und ein Längskai bildeten den kleinen, aber gut geschützten Hafen, in dem acht Kutter jener Sorte, die früher auch als Rettungsboote genutzt worden waren, verankert lagen. An die 9 Meter lang, etwa 2 Meter breit, das Heck zum Ufer, der Bug am Dalben, so lagen sie dort aufgereiht wie die Perlen an der Schnur. Und in der Halle des Bootshauses lagerten die dazugehörenden Riemen, für jeden der Kutter zehn Stück an der Zahl, sowie die in großen Mengen vorhandenen Kork-Schwimmwesten für die Besatzungen.

Der Rhin, den wir nun befahren sollten, ist ein nur kurzer rechter Nebenfluss der Elbe. Er entsteht im Osten von Glückstadt durch die Vereinigung von Kremper Rhin und Herzhorner Rhin. Der Rhin entwässert somit das gesamte Niederungsgebiet der „Blomeschen Wildnis" und der „Engelbrechtschen Wildnis".

Die ersten Einweisungen erteilte Obermaat Kohl bereits, bevor er das Bootshaus aufschloss. Wir, die 6. Gruppe, versorgten uns mit den Riemen, die senkrecht an der Wand aufgereiht standen, und mit den Schwimmwesten, die in einer Ecke auf einem großen Haufen lagen.

Danach enterten wir das uns zugewiesene Boot. Da sich ein Kamerad zuvor zum Revier abgemeldet hatte, waren wir nun zwölf Kameraden, von denen zehn auf den „Duchten" Platz nahmen, um sogleich die Riemen in die „Dollen" einzulegen. Mich als Elften beorderte Obermaat Kohl zum Bug und Johnigk als Zwölften zum Heck, bevor er als Letzter zustieg und das Ruder übernahm. Dann legten wir ab und nahmen Kurs rhinaufwärts.

Da ich anfangs nicht mit dem Rudern beschäftigt war, hatte ich Muße, mir die Umgebung näher anzusehen. Auf der Backbordseite, also am Nordufer, standen noch einige Bootshäuser, bevor hier das Grün der Vegetation wieder überhandnahm, auf der Südseite war es eine Reihe mittelgroßer Bäume, die so lange das Ufer säumte, bis wir uns einem Industrieareal näherten. Es war die Papierfabrik Temming, aus deren ganz nahe am Wasser gelegenen Werkshallen das dumpfe Stampfen arbeitender Maschinen zu mir herüberdrang, sodass ich mich sofort an die Eisen- und Stahlhütte der Heimatstadt Völklingen erinnert fühlte.

Wir fuhren unter einer überdachten Laufbrücke hindurch, die die Werksgebäude im Süden des Rhin mit denen der Verwaltung auf der Nordseite verband. Nur wenig später unterfuhren wir die Straßenbrücke der Ausfallstraße nach Hamburg.

Einige Stadthäuser passierten wir danach noch, außerdem die Einmündung des Kremper Rhin und zwei weitere Brücken, dann waren wir nur noch von Gärten und Wiesen umgeben. Die Fahrt ging zügig weiter, viel Kraft war an diesem windstillen und diesigen Tag zum Vortrieb nicht erforderlich, und was das „Pullen" anbetraf, so hatten wir den Bogen bald raus. Einige Kommandos, wie „Riemen auf!" und „Riemen hoch!", erklärten sich von selbst und konnten umgesetzt werden, aber das Kommando „Kreuzt Riemen!" führte zur heillosen Verwirrung.

Doch was dieses Kommando, das es ganz sicher gab in der Kommandorolle für Marinekutter, bedeutete, das wusste selbst Obermaat Kohl nicht so genau, und deshalb gingen wir, nachdem sich die Riemen wieder aus der Wuling gelöst hatten, zur Tagesordnung über und pullten weiter.

Erst weitab der Stadt und jetzt nur noch umgeben vom Grün der Wiesen, Weiden und Felder, ordnete Obermaat Kohl die von manchen längst ersehnte Rauchpause an, und danach hatte auch ich die Gelegenheit, meinen Logenplatz im Bug mit einem der schweißtreibenden Arbeitsplätze auf der vordersten Ducht zu tauschen. Ich war froh, endlich kraftvoll den Riemen schwingen zu dürfen, denn trotz der wärmenden Kork-Schwimmweste war es mir doch recht kalt geworden an diesem trüben Tag im April.

Die Sache mit dem Kommando „kreuzt Riemen!" klärte sich bald auf. Dieses Kommando bedeutete, die Riemen nach innen zu ziehen bis zum Dollbord der anderen Seite, um z.B. in engem Gewässer die Gesamtbreite des Kutters zu reduzieren. Sollte diese Maßnahme nicht ausreichend sein, so gab es noch den Befehl: „Lasst laufen!" Dabei wurden die Riemen aus den Dollen gehoben, damit sie sich, nur noch am Griff gehalten, aber ansonsten im Wasser schwimmend, unter dem Druck des Fahrtstroms eng an das Boot anlegten.

Das Boot wurde in geordneter Weise zurückgefahren, am Bootshaus vorbei bis zum Sperrwerk, das hier in den Deich eingelassen ist und den Rhin aufstaut. Jenseits davon befand und befindet sich auch heute noch der Außenhafen, in dem Ebbe, Flut und Schiffsverkehr herrschen, diesseits davon aber sorgen die Absperrung und das darin eingebaute Wehr für einen gleichmäßigen Wasserstand und für ein stilles Flüsschen namens Rhin, das ein geruhsames und idyllisch anmutendes Eigenleben zu führen schien.

I: Glückstädter Umgebung, Elbmarschen und Geest

Im späten Mittelalter hatten verheerende Überflutungen das ursprünglich gut nutzbare Bauernland zur Wüstenei und zur Wildnis werden lassen. Weit über 200 Jahre verblieb dieser Landstrich in diesem Zustand, bis die Eindeichung 1616 abgeschlossen war. Deshalb wurde es im Jahr 1617, also im Folgejahr, überhaupt erst möglich, die Stadt Glückstadt zu gründen und das umliegende Land endlich wieder landwirtschaftlich zu nutzen. Nur die Ortsbezeichnung „Wildnis" erinnert noch an diese lange Zeit der Brache.

Die Namensbezeichnung Engelbrechtsche Wildnis geht, nachdem dieser Landstrich lange in königlicher Hand verblieben war, auf den Großlandwirt und Kaufmann Johann Engelbrecht zurück, der das Land zwischen Glückstadt und Herzhorn im Jahre 1860 gegen eine hohe Summe käuflich erwarb.

Der Name Blomesche Wildnis geht gleichfalls auf den letzten Besitzer zurück, den aus dem niedersächsischen Adel stammenden Grafen Blome.

Beide Ländereien, die Blomesche Wildnis sowie auch die Engelbrechtsche Wildnis, die nun längst nicht mehr wild, sondern wieder zu fruchtbarem Land geworden waren, hatten über lange Zeit den Status von Gutsbezirken mit entsprechenden Rechten.

Im Jahr 1889 hob der preußische Staat, der seit 1866 für Holstein zuständig war, beide Gutsherrschaften auf und erhob die verstreut liegenden Siedlungen trotz fehlenden Zentrums zu selbstständigen Gemeinden. Seit 1974 sind sie Ortsteile von Glückstadt.

Während die Blomesche Wildnis in ihrer Ausdehnung im Norden bis zur Stör reicht, schließt sich im Nordosten die Geest an. Diese Bezeichnung geht auf das alte, aber auch heute gelegentlich noch gebrauchte deutsche Wort „güst" zurück, das „unfruchtbar" bedeutet.

In der Tat, die Geest ist, wo immer sie auch gelegen ist, trocken, sandig und unfruchtbar. Somit war die Geest von Nordoe der perfekte Ort für den Truppenübungsplatz der Bundeswehr. Das recht große Areal östlich von Kremperheide und südlich von Nordoe war und ist bis heute bewachsen mit Wald, Büschen und trockenen Wiesen, besteht jedoch in seinem Zentrum aus einem weitläufigen Dünengebiet, das damals von den Soldaten der Marine, in Anlehnung an eine der größten Wüsten der Welt und trotz eines flachen Sees in der Mitte, als die „SAHARA von Nordoe" bezeichnet wurde.

Im Westen reichte das Übungsgebiet bis an die Kasernen von Kremperheide heran. Zwar war das Gelände dort mit einem Zaun von dem Truppenübungsplatz abgetrennt, aber einen Durchlass muss es gegeben haben, denn die Unteroffiziere der Kompanie schwärmten geradezu in höchsten Tönen von einer „Tante Helene", bei der noch vor gar nicht langer Zeit heiße oder gekühlte Getränke aller Art erstanden worden waren.

Wie es auch immer gewesen sein mag, der 2. Zug, und damit auch die 6. Gruppe, kam leider nie in den Genuss jener sagenumwobenen und hochgelobten Getränke aus dem Hause „Tante Helene". :I

Das Kutterpullen hatte uns allen zugesagt, denn endlich hatten wir die echte Marine erlebt, die ganz ohne Wasser bekanntlich nicht auskommt. Und es sollte nicht das letzte Mal gewesen sein, dass wir an Bord eines Kutters die Riemen schwangen. Dann aber nicht mehr auf dem zahmen Rhin, sondern auf der mächtigen und manchmal auch sehr unleidlichen Elbe.

Doch zuvor waren, von wem auch immer, die Kutter vom Rhin durch das Tor im Sperrwerk in den Bootshafen auf der Außenseite des Deiches verlegt worden, der bereits Teil des Außenhafens war. Dort bestiegen wir die Kutter, ebenso wie die drei anderen Gruppen des 2. Zuges, und pullten los, in Richtung West, in Richtung Elbe.

Am Sperrwerk zum Binnenhafen vorbei, dann an der Elbefähre und anderen Schiffen, die am weitläufigen Kai festgemacht hatten, und vorbei an den beiden großen, mit eigentümlichen Runddächern bedeckten Gewerbehallen, die mit dem auffällig großformatigen weißen Schriftzug der „Fa. J.&H. GEHLSEN Heide Glückstadt" beschriftet waren. Von da war es nicht mehr weit bis zur Mündung in die Glückstädter Nebenelbe, einem Nebenfahrwasser, das durch die langgezogene, aber schmale Flussinsel namens Rhinplate vom Hauptfahrwasser abgetrennt ist. Doch genau hier, in der Düse zwischen Insel und Festland, herrschte an diesem Tag ein Seegang, wie er auf dem Rhin binnenseits der Absperrung absolut unmöglich war.

Hier zischte ein strammer und kalter Wind von Norden heran, der Wellen aufwarf, die uns heftig zusetzten. Beim Ziehen der Riemen durch das Wasser konnten die Riemenblätter im Wellental unvermutet austauchen und ebenso für Unordnung sorgen wie beim Zurückführen der Riemen in die Ausgangslage, wenn diese so heftig gegen die sich auftürmenden Wellen klatschten, dass die Gischt nur so spritzte.

Die uralten, fast antiken Kork-Schwimmwesten schützten uns zwar in gewisser Weise vor Wind und Wasser, aber dennoch war es ein wahrhaft kaltes und nasses Missvergnügen, das auch nicht zum Vergnügen wurde, als sich es die vier Gruppen- und Bootsführer einfallen ließen, eine kleine Regatta zu veranstalten.

Richtig bedauert hat es wohl niemand von der 6. Gruppe, als danach wieder der Bootshafen angesteuert wurde.

Am Außenhafen, Blick auf den Bootshafen und die Stadt

Zwei Mariner der 16. Gruppe auf Wache am Bootshafen

Dennoch war für mich der Dienst im Kutter erfreulich, besonders jedoch, als einmal bei viel besserem Wetter die ausgedehnte Insel Rhinplate umrundet wurde. Spätestens hier wurden die willigen Ruderer der 6. Gruppe mit Blasen und Schwielen an den Händen belohnt, die später auf der Stube ganz hervorragend mit der eigentlich nur für ramponierte Füße vorgesehenen Heilsalbe „Gehwol" behandelt werden konnten. Aber immerhin waren wir mit Ebbe und Flut in Kontakt gekommen, und endlich auch mit originalem Salzwasser, ohne das es eine echte und wahre Marine nicht geben kann.

Da machte es uns nicht viel aus, dass die Boote nur klein waren, die wir bewegt hatten, aber sie wiesen erstmals in die Richtung auf jene Marine, für die wir uns verpflichtet hatten. Denn das war klar, nur um auf dem Bauch durch die Geest von Nordoe zu kriechen, dafür war keiner von uns zur Marine gegangen.

Am 29. April stand erstmals die Schießausbildung im scharfen Schuss auf dem Programm. Mit innen und außen blitzblank geputzten Gewehren der Sorte „G3" trat die 5. Kompanie, so wie üblich, auf dem Antreteplatz zwischen den Blöcken SACHSEN und THÜRINGEN an, bevor sie auf die bereitstehenden Transportfahrzeuge verladen wurde. Doch diesmal fuhren die LKWs an Nordoe vorbei und hielten erst vor dem Standort-Schießplatz „Basten", der östlich von Itzehoe auf dem Hof Basten gelegen ist. Wären die LKWs nicht ein Stück weit durch Itzehoe gefahren, hätten wir weder von der Stadt noch von dem Land etwas gesehen, denn die begrünten Wälle des Schießplatzes engten die Sicht nach allen Seiten ein.

Die Kompanie wurde zugweise auf die Schießbahnen verteilt, dann ging es los. Die Unteroffiziere ermahnten uns mehr oder weniger permanent, stets vorsichtig mit den geladenen Gewehren umzugehen, denn nicht zum ersten Mal soll es vorgekommen sein, dass im Umgang damit jemand kurzfristig vom Leben zum Tode gebracht worden war.

Als wir das alles mental abgespeichert hatten, wurde es ernst. Jeweils vier von uns gingen nach dem Befehl „Stellung!" in die Bauchlage, deponierten das Gewehr auf dem bereit liegenden Sandsack und legten an.

Das Ziel für die vier Schützen waren die 4 Zielscheiben am Ende der Bahn, die aus der dort vorhandenen Deckung, einer quer zu den Bahnen gebauten Beton-Armierung, hochgefahren worden waren. Das Visier war auf 100 Meter eingestellt, über Kimme und Korn wurde auf die schwarze Mitte der Scheibe gezielt, dann kam der Befehl „Feuer frei!" Ich entsicherte, atmete aus, und krümmte langsam den Zeigefinger. Dann fiel der Schuss!

Der Rückstoß war zwar gewöhnungsbedürftig, aber die ersten drei Schüsse erbrachten je eine 7, dann folgten eine 8 und zuletzt eine 9. Es war ein ganz brauchbares Ergebnis. Damit war die Arbeit des Vormittags auch schon erledigt, einmal abgesehen vom Reinigen des Gewehrs.

Am Nachmittag schossen wir erneut, diesmal nur drei Schuss, aber ich hatte darunter eine 10, und damit war das Soll erfüllt. Auch hier, zwischen den Schießbahnen, wurde von Dziambor zum Mittagslauf gebeten, auf den er wohl nie verzichten wollte. Diesmal aber nur in Minimalversion, denn viel Auslauf gab das Gelände nicht her. Da konnte die Erbsensuppe ihren Zweck erfüllen.

Noch fünf Mal sollte das Schießen stattfinden, das sich wegen der Pausen großer Beliebtheit erfreute. Doch für den Schießtermin Ende Mai meldete ich mich freiwillig zum Vorkommando. Das hieß zwar für mich und für die fünf Kameraden, eine Stunde früher aufzustehen, aber dafür ließ sich der Morgen recht gemütlich an. Sogar im jetzt noch gähnend leeren Saal der Kantine erfreuten wir uns an der Stille des Morgens und an der ganz individuellen Betreuung durch die Damen des Hauses.

Danach beluden wir den LKW mit der Munition und einem Maschinengewehr vom Typ 42. Als alles gut auf der Ladefläche verstaut und gesichert war, jumpten wir hinterher und nahmen Platz auf den Längsbänken unter der Plane, je drei auf jeder Seite, das G3 zwischen den Knien. Der LKW fuhr los, und wenig später ließ mich das sonore Motorengeräusch in einen sehr willkommenen Halbschlaf fallen. Da störten mich noch nicht einmal die Fliehkräfte, die beim Anfahren und Bremsen sowie in jeder Kurve auf mich einwirkten.

Im Wachdienst - die Freiwache der 8. Gruppe

Mittagspause auf dem Schießplatz Basten

Auf dem Schießplatz luden wir unsere Ladung ab, übergaben sie, besetzten die Deckung und machten die vier Scheiben klar, um die wir uns zu kümmern hatten.

Es wurde ein Vormittag, der nicht so langweilig war, wie er wohl sonst geworden wäre. Denn als die 5. Kompanie vollzählig auf der Anlage angekommen war, begann sofort der Schießbetrieb. Es krachte vor uns, die Kugeln flogen über unsere Köpfe hinweg und landeten im Wall dahinter oder in den hölzernen Kugelfängen, die diesen Bereich wie Brücken überspannten. Wir aber waren in der Deckung gut geschützt.
Unsere Aufgabe an diesem Vormittag war es, nach jedem Schuss die Scheibe einzuziehen, das Ergebnis auf einer Tafel anzuzeigen und das Einschussloch in der Scheibe zu überkleben. Wenn aber, was auch vorkam, die Scheibe gar nicht getroffen war, es sich also um eine sogenannte „Fahrkarte" handelte, dann wurde mit einer langstieligen Kelle aus der oben offenen Deckung heraus gewunken. Wir hatten viel zu tun, waren aber mit Feuereifer dabei. Auf jeden Fall war das besser, als in den Schießpausen auf dem Seitenwall herumzulungern, ein ums andere Mal das Gewehr zu reinigen und den Sonderwünschen des Zugführers und seiner Gruppenführer ausgesetzt zu sein. Trotzdem musste die Truppe vom Deckungskommando am Nachmittag noch einmal am Schießen teilnehmen.

Drei Schuss mit der Pistole P1 als Vorübung, danach fünf Schuss in der Grundübung. Jeweils auf 25 Meter auf die Kleinscheibe. Anfangs traf ich die 10, die nächsten drei Schüsse waren vom Ergebnis her mittelmäßig. Danach kam das MG auf der Kurzbahn zum Schuss.

Der Schießtag in Basten war der letzte wirkliche Arbeits-
und Ausbildungstag der Woche gewesen. Am folgenden
Samstag erhielten wir wieder den „lebenskundlichen
Unterricht" bei einem der beiden Pastoren. Uns war es
dabei völlig egal, ob es der ESAK, die „evangelische
Sündenabwehrkanone" oder der KSAK, die „katholische
Sündenabwehrkanone" war, die uns mit diversen Themen
konfrontierten, die niemanden interessierten. Vielleicht
war es die Gleichförmigkeit der Ansprache, vielleicht
war es die Wärme des Raums, vielleicht war es auch das
allgemeine Schlafdefizit, das jeder von uns hatte. Wie
auch immer, im vorderen Drittel der Anwesenden mimte
man Aufmerksamkeit, doch in den hinteren zwei Dritteln
wurde geschnarcht, dass sich die Balken bogen.

So etwas konnten wir uns beim Ko-Chef Kaleu Schmidt selbstredend nicht erlauben. Wenn der merkte, dass sich das Phlegma über den Anwesenden ausbreitete, befahl er so lange „Auf!" und „Nieder!", bis alle wieder hellwach waren.

Das Großreinschiff, das sich anschloss an diese beiden Unterrichtsstunden, war allerdings mehr vergnüglich als anstrengend. Ich hatte meinen Platz in der Flurtruppe gefunden und gehörte zu denen, die dort ganz besonders üppig mit dem Wasser umgingen.

Auch die Unteroffiziere hatten an diesem Samstag noch Dienst bis 1200 Uhr, aber viel sahen wir nicht von ihnen. Doch ein junger Maat aus einem anderen Zug hatte sich inzwischen am Südende des Flurs mit seinem Schlagzeug etabliert, spielte Musik vom Tonband ab, und zwar so laut, dass von seinen Bemühungen an den Trommeln kaum etwas zu hören war. Ich war vielleicht sein einziger Fan, und sein Lieblingssong war „Needles and pins" von den „Searchers".

Gut, dass der April nun zu Ende und damit „abgehakt" war. Er hatte für mich schwierig begonnen, es hatte schon etliche Tage gedauert, bis ich mich halbwegs an den täglich zu tragenden Stahlhelm, die übergroße und ausgeleierte Oliv-Bekleidung und die klobigen Stiefel gewöhnt hatte. Der erste Einsatz in Nordoe hatte mir gezeigt, dass es mir in einem Maße, wie ich es nicht erwartet hatte, an Kraft und Ausdauer fehlte. Da hätte ich als Schüler doch etwas mehr Sport machen sollen. Doch zweimal hatte ich mich in einem Fußballverein angemeldet, aber zweimal hatte mich mein Herr Vater, der strengste Oberstudienrat am Völklinger Gymnasium, das auch ich besuchte, so lange examiniert, bis das Training längst begonnen hatte. Da spätestens hatte ich kapiert, dass es nicht sein sollte. Es war wohl nicht in seinem Sinne, dass ich den Nachmittag abseits seiner Kontrolle verbringen wollte. Und für gymnastische oder turnerische Übungen, die ich zwischen den Hausarbeiten an Stelle dessen hätte machen sollen, hatte ich nun wirklich keine Lust gehabt. Auch wenn ich in den letzten Jahren vor dem Abitur mindestens einmal in der Woche mit meinen Klassenkameraden auf freiwilliger Basis Hallenfußball betrieben hatte, bis uns der Schweiß aus allen Poren lief, so war es doch bei weitem nicht das gewesen, was ich bei dem Fußballverein „Röchling Völklingen" hätte haben können. Und trotz der langen, aber unregelmäßigen Waldläufe mit meinem Freund und Banknachbarn in der Schule war meine körperliche Ertüchtigung nicht in dem Maße erfolgt, wie ich sie zu Beginn der Grundausbildung im April des Jahres 1966 hätte gebrauchen können.

Aber seitdem war schon sehr vieles besser geworden. Auch die Liegestütze, die so ziemlich bei jeder sich bietenden Gelegenheit von den Vorgesetzten abgefordert wurden, hatten Kraft gebracht, die Märsche, die täglichen Läufe und weitere Anstrengungen ebenso. Doch seit einiger Zeit schon wurde der übliche Formaldienst, so die offizielle Bezeichnung für alles, was mit Marschieren und Exerzieren „auf dem Kasernenhof" zu tun hatte, mit dem Training auf der Kampfbahn verbunden, die am hinteren rechten Ende des Geländes aufgebaut war. Doch alles, was dort an Hindernissen zu überwinden war, war für mich problemlos, mit Ausnahme der Eskaladierwand.

Ich war bei Weitem nicht der Einzige, der dieses Problem hatte. Ich wusste nicht einmal genau, woran es lag. Fast immer rutschte ich beim ersten Anspringen an der glatten Wand ab, und nur selten gelang es mir, in einem Schwung darüber hinweg zu kommen. Lag es an der ABC-Schutzmaske, die mir immer im falschen Moment im Wege war, lag es an den Stiefeln, die vorne zu glatt waren, ich weiß es nicht. Aber da die Gruppe immer geschlossen unterwegs war und deshalb auch immer geschlossen ankommen musste, gab es auch immer eine hilfreiche Hand, die dafür sorgte, dass nicht zuviel Zeit verloren wurde bei der Überwindung dieses einfachen, aber wirkungsvollen Hindernisses. Ich überlegte schon, ob und wie ich so etwas wie ein Steigeisen an einer der Stiefelspitzen anbringen könnte.

Wie auch immer, oft verlor ich an dieser Stelle wertvolle Sekunden, was dann zu Lasten der ganzen 6. Gruppe ging. Deshalb bemühte ich mich sehr, an den folgenden „Schikanen" die Zeit wieder aufzuholen. Am besten gelang mir das im Stolperdraht ganz am Ende der Bahn.

Inzwischen hatten wir die Fotobilder, die ein eigens dafür herbei georderter Profi-Fotograf von den Gruppen des Zuges und vom gesamten 2. Zug angefertigt hatte, käuflich erworben. Die Bilder waren ziemlich zu Anfang entstanden, als sich die neuen, noch recht steifen Matrosenuniformen noch nicht so recht den Körpern ihrer Träger angepasst hatten. Irgendwie sahen wir alle aus wie ausgestopft, besonders die Tellermützen wirkten in der Weise ihrer Trimmung, die nicht stramm genug sein konnte, reichlich merkwürdig. Auch ohne irgendwie boshaft zu sein, hätte man sagen können: „Mein Gott, wie seht Ihr bescheuert aus!

Bei der näheren Betrachtung des Fotos fiel mir auf, dass ich in meiner 6. Gruppe vielleicht nicht der kleinste, wohl aber der schmalste und schmächtigste zu sein schien. Dennoch hatte ich meinen Platz in der Gruppe gefunden, und der hatte sich bewährt. Marschierte die 6. Gruppe in Reihe zu einem Glied, waren nun Ehlers, v. Hennig und John vor mir, Monte und Steuber hinter mir, im Zug war mein Platz am rechten Rand. Einen Passgänger, also einen, der den Marschrhythmus nicht halten kann, gab es nicht in meiner Nähe, auch deshalb hatte ich beim Marschieren nie ein Problem.

Eigentlich konnte ich ganz zufrieden sein, denn fast vier Wochen „Trainingslager Bundeswehr" hatten schon Wirkung gezeigt. Meine Kräfte waren geweckt, ebenfalls die Belastbarkeit und sicher auch die Leidensfähigkeit. Bei der häufig und immer wieder gehörten Aufforderung des Gruppenführers „Umfallen, pumpen!" steckte ich die geforderten 20 Liegestütze locker weg, auch mit dem Gewehr auf dem Rücken und dem Stahlhelm auf dem Kopf.

Und nun stand ein Mai vor der Tür, der ganz sicher besseres Wetter bringen würde. Etwas doof war es zwar, dass der „Tag der Arbeit" auf einen Sonntag fiel, aber es gab da noch einen Himmelfahrtstag, einen freien Pfingstmontag und danach am 18. Mai noch einen Mittwoch, an dem die Vereidigung stattfinden sollte. Und da konnte ich getrost davon ausgehen, dass diese Veranstaltung weder auf der Kampfbahn noch in Nordoe stattfinden würde. Und dazu standen noch die Schießtermine in Basten auf dem Monatsprogramm, die problemlos abzuarbeiten waren. Also, alles gut!

Das dachte ich noch am Samstag, doch schon am Dienstag danach wurde ich eines Besseren belehrt:
Der 2. Zug war in guter Ordnung durch die Straßen der Kaserne marschiert und erst ganz am Ende des Geländes vor einem kleinen, unscheinbaren Häuschen zum Stehen gekommen. Es war jenes Gemäuer, in dem sich der „Gasreizraum" befand. Hier sollten die Kameraden des 2. Zuges, allerdings nur gruppenweise, an Gas in Form von Tränengas gewöhnt werden und dabei gleichzeitig die Dichtigkeit der ABC-Schutzmaske testen.

Es hörte sich alles ganz harmlos an. Wir folgten unserem Obermaat in den ziemlich düsteren zentralen Raum, legten die Masken um und stellten uns in einem Kreis auf, in dessen Mitte unser Gruppenführer stand. Die Tür wurde geschlossen, dann aktivierte Kohl die Gasgranate, aus der das Gas sofort in Schwaden von weißlichem Dampf entwich, und legte sie mitten unter uns. Nun mussten wir im Kreis laufen, auf der Stelle hüpfen und jede Menge Kniebeugen machen. Ich bekam zwar etwas Luftnot, aber die Maske war dicht. Doch dann kam der Befehl: „Filterwechsel!"
Wir legten die Filter in der Mitte des Raumes ab und warteten dann darauf, diese wieder einschrauben zu dürfen. Doch das zog sich hin, und so lange wagte ich auch nicht zu atmen, obwohl mir die Luft schon knapp wurde. Dann war es soweit, dass wir die Filter wieder einschrauben sollten. Doch 2 Filter fehlten nun, darunter auch meiner. Kohl hatte sie an sich genommen und hielt sie hinter seinem Rücken versteckt. Und nun konnte ich auch die Luft nicht mehr anhalten, das Gas drang unter die Maske, gelangte in die Lunge, schmerzte stechend in Nase und Augen und war von eigentümlichem Geruch.

Panik kam in mir hoch, und da ich in der Nähe der Tür stand, machte ich zwei schnelle Ausfallschritte darauf zu. Allein, die Tür war abgeschlossen.

Als wir später wieder vor der Villa „Gashaus" waren und die Masken wieder in die Taschen einsortierten, konnte sich Obermaat Kohl immer noch über seinen, nach seiner Ansicht gut gelungenen Scherz amüsieren, ich aber war maßlos verärgert, weniger über Kohl, sondern ganz besonders über mich selbst. Da sagte ich zu mir: „Roland Blatt, eine solche Schwäche wirst du dir nie, nie, nie wieder genehmigen!"
Anschließend ging der 2. Zug noch zweimal über die Kampfbahn, und danach war von der Wirkung des Gases nichts mehr zu spüren.

Gelegentlich brodelte es in der „Gerüchteküche" der 5. Kompanie. So ging auch das Gerücht um, einer unserer Kameraden habe sich am Fensterkreuz aufgehängt, dies sei jedoch vom Frontgebäude aus bemerkt worden, sodass das Seil so rechtzeitig gekappt wurde, dass kein nennenswerter Schaden eintreten konnte.

Ich glaubte dieses Gerücht zwar nicht, bemerkte aber doch Abgänge. Geschahen die aus eigenem Antrieb? Oder etwa von Seiten der Marine aus Gründen der Unbrauchbarkeit? Wie auch immer, doch uns allen war klar: Wir waren alle freiwillig hier, niemand zwang uns dazu, hier in dieser OA-Kompanie den Wehrdienst abzuleisten. Ein oft gehörter Spruch der Vorgesetzten war deshalb: „Sie können ja kündigen, wenn es Ihnen hier nicht passt!"

In der Tat, eine Kündigung war zwar möglich, aber die Wehrpflicht von 18 Monaten wäre uns dadurch nicht erspart geblieben. Üblicherweise wurde in dem Fall so verfahren, dass Abbrecher lediglich in eine andere Kompanie versetzt wurden, um dort den Dienst zu Ende abzuleisten. Deshalb war es keine echte Alternative für uns, und eigentlich konnte dieser Spruch auch nur in dem Sinne gemeint sein, uns zu verstärkter Anstrengung zu motivieren. Und ganz nebenbei bemerkt: Wer wollte sich denn schon wegen „Unbrauchbarkeit" aussortieren lassen? Ich jedenfalls nicht!

Das Motto der Woche, das in wechselnder Form in jeder Woche am Schwarzen Brett aushing, lautete diesmal:

„Ärmel aufkrempeln! Ranklotzen!"

Der 2. Zug

Die 7. Gruppe

Fast kampffähig – es fehlen die Munitionstaschen.

Im Laufe der Zeit hatte sich so manches eingeschliffen, vielleicht auch abgeschliffen. Möglich war es auch, dass wir uns an vieles gewöhnt hatten, dass uns da kaum noch etwas schrecken konnte. Und das war nicht nur der Maat, der immer noch beim Großreinschiff zur Tonbandmusik auf sein Schlagzeug einhämmerte, ohne Talent dafür zu haben.

Aber selbst das war für mich schon bald vorbei. Als eines Tages Querflötisten gesucht wurden zur Bildung eines Spielmannszuges, meldete ich mich. Ich hatte in der Schulzeit „Blockflöte" lernen müssen, und das sollte nicht umsonst gewesen sein. Dazu dachte ich mir, dass der Unterschied zur Querflöte nicht allzu groß sein dürfte. Das war allerdings auch so. Die Flöte, die ich zu deren Benutzung empfing, war nur halb so groß wie eine Konzertquerflöte, war aus schwarzem Plastik und hatte auch sonst wenig gemein mit jenem edlen Teil, das im Konzertsaal Verwendung findet.

Ich meldete mich in einem der weiter hinten liegenden Blocks bei dem Hauptgefreiten UA Meins. Er war also ein Hauptgefreiter, der seinen Maatenlehrgang bestanden hatte, aber - aus welchem Grund auch immer - noch nicht zum Maat befördert worden war. Doch auch ohne diesen Dienstgrad zu haben, war er Teil der Dienstgradgruppe der Unteroffiziere und war demnach vom Rang als auch von der Dienststellung her mein Vorgesetzter. Soweit die Situation, als sich der Spielmannszug gründete.

Einen großen Vorteil hatte meine Mitgliedschaft im Spielmannszug nicht für mich, denn die Übungen fanden nur am Samstagmorgen statt, wenn das Großreinschiff abgehalten wurde. Da hatten es andere besser, es gab eine Anzahl von Soldaten, darunter übrigens auch mein Spindnachbar von Hennig, die es sich unter höchster Protektion und u.a. mit der Unterstützung von Zietemann vom 4. Zug zur Aufgabe gemacht hatten, eine hölzerne Kanone zu bauen, die am Ende der Grundausbildung der Kaserne als Geschenk überreicht werden sollte.

Diese Jungs hatten es deutlich besser mit ihrer Aufgabe, denn diese hatten mit Handwerkern „an Land" zu tun, sodass sie immer mal wieder dienstlich abwesend sein mussten, um bei dem Tischler ihrer Wahl den Fortgang der Arbeiten zu überwachen und gelegentlich, vielleicht aber nur sehr gelegentlich, selbst Hand anzulegen.

Bei den Mitgliedern des Spielmannszuges war das ganz anders. Es gab zwar durchaus einiges Interesse bei den Kameraden der 6. Gruppe, als ich erstmals mit der Flöte in der Stube auftauchte und erste Kostproben meines nicht ganz perfekten Könnens zu Gehör brachte. Doch schon bald ließ das Interesse nach und schlug sogar ins Gegenteil um. Da musste ich sehen, wo ich meine Übungen abhalten konnte. Den Platz dazu fand ich im hinteren Gelände der Kaserne, wo die Munitionskisten standen. Hier ging ich niemandem auf die Nerven, außer vielleicht den Wachsoldaten, die als Doppelstreife hin und wieder vorbeikamen. Ansonsten war ich allein auf weiter Flur, und meine Flötentöne machten bestenfalls den Vögeln Konkurrenz.

Prinzipiell kam ich mit dem Musikinstrument, das mir überlassen worden war, gut zurecht. Weniger gut war die Tatsache, dass es keine Notenblätter gab, sondern an deren Stelle DIN-A4-Blätter, auf denen nur Zahlen standen. Offensichtlich war es so, dass nicht jeder im Spielmannszug Noten lesen konnte, so war man dazu übergegangen, jedem Ton eine Nummer zu geben.
Das war nun wieder für mich nicht ganz so einfach, denn Zahlen gab es viele, und diese zu verwechseln, das ging schnell. Nun denn, nach einiger Zeit hatte ich das im Griff, aber manchmal verspielte ich mich doch. Dann gab es Töne, die zwar nicht passten, aber bei der Menge der 10 Flötisten nicht sonderlich ins Gewicht fielen.

Als der Tag der Vereidigung näher rückte, wurde es notwendig, dass der Spielmannszug, dem außer dem Hauptgefreiten UA Meins noch 15 Mann angehörten, sein Spiel auch im Marschtritt übte. Vorneweg der Chef mit dem Tambourstab, dem folgten die Musikanten in Dreierreihen. Der Crewkamerad Fahlbusch von der 5. Gruppe, 2. Zug, war der Mann an der silberglänzenden

Lyra, eine Art Schellenbaum mit integriertem Xylophon, und marschierte im 1. Glied in der Mitte, rechts und links von ihm die beiden Trommler. Ich marschierte direkt hinter Fahlbusch in der zweiten Reihe, und hinter mir Leibbrand vom 3. Zug.

In den beiden längeren Außenreihen marschierten hinter den Trommlern jeweils vier Flötisten, darunter Britz und Zietemann vom 4. Zug, und am Ende in Marschrichtung links „die Pauke" und rechts „das Becken".

So marschierten wir durch die Straßen der Kaserne, mit Musik und Tschingderassabum. Gar nicht so schlecht für den Anfang, oft erregten wir Aufmerksamkeit, nur vor dem Block SACHSEN begrüßte uns Obermaat Kohl lauthals als „Puffmusiker".

Worin der Zusammenhang zwischen Spielmannszug und Geschlechtsverkehr im Puff bestehen sollte, das war mir unklar. Einen Grund wird es ganz bestimmt gehabt haben, aber diesbezüglich mochte wohl Obermaat Kohl bei dem einen oder anderen Besuch in diesbezüglich spezialisierten Etablissements seine ganz persönlichen Erfahrungen gemacht haben.

An sich war das eine richtige Entscheidung gewesen, mich der Musik zugewandt zu haben. Obermaat Kohl zog mich deshalb zwar hin und wieder damit auf, unter die „Puffmusiker" gegangen zu sein, aber der Leiter des Spielmannszuges zeigte einige Dankbarkeit. Allerdings war es doch nicht so einfach mit der Musikalität, denn das Spiel nach Zahlen, statt nach Noten sorgte bei mir immer noch gelegentlich für Verwirrung. Und so war es mir nur mit viel Übung möglich, dem Instrument die richtige Melodie abzuringen. Immerhin, nach einiger Zeit hörte es sich ganz gut an, was ich produzierte, und da wir insgesamt zehn Flötisten waren, fiel es auch nicht auf, wenn ich einmal kurzfristig aussetzte. Und selbst wenn ich mal einen falschen Ton spielte, gab es keinerlei Kritik vom Chef. Auch deshalb fand ich es ganz gut, unter die „Puffmusiker" gegangen zu sein.

Die abendliche Spindkontrolle war inzwischen geübte Routine. Eine zackige Meldung des Gruppenältesten an der Tür genügte meistens, den Unteroffizier der Ronde einigermaßen nachsichtig zu stimmen.
Als überaus erfreulich stellte sich heraus, dass von besorgten Eltern gelegentlich Lebensmittelpäckchen geschickt wurden, deren Inhalt dann auf den rustikalen Resopaltischen der Stube mehr oder weniger allen zur Verfügung stand. Ich konnte da leider nicht viel dazu beisteuern mangels Paket vom heimischen Herd, nicht so aber Steuber, der von zuhause sehr gut versorgt wurde. Neben dem Marmorkuchen, der schon kurz nach Ostern angekommen war und längst den Weg in die Mägen der Kameraden gefunden hatte, war es nun ein dicker, fetter Schinken, den er umgehend „auf die Back warf".

Ohne Umschweife machten wir uns über den Schinken her, der, so wie es aussah, die Keule eines zumindest mittelgroßen Schweins gewesen war. Der Knochen war weg, das Rot des Muskelgewebes ließ uns förmlich das Wasser im Munde zusammenlaufen, doch zwischen dem Fleisch und der Haut gab es eine fast handbreit dicke Fettschicht. Als wir die Kampfmesser ansetzten, um uns etwas vom Schwein abzuschneiden, merkten wir aber, dass der Schinken entweder noch nicht lange genug abgehangen hatte oder nicht ausreichend stark geräuchert worden war. Denn das, was wir schneiden wollten, war so weich und geschmeidig, dass es unter dem Druck der Klingen eher auswich, als geneigt war, sich zerteilen zu lassen.

Aber das konnte nun wirklich kein Grund sein, uns in irgendeiner Weise zu beeindrucken. Und so war es dann nicht zu übersehen, dass sich der Schinken eines großen Zuspruchs erfreute, aber allein schon dessen Größe und Mächtigkeit verhinderten es, dass er schnell vom Tisch verschwand.

Es dauerte noch eine ganze Weile, in der man sich daran gütlich tat, doch allmählich erlosch das Interesse an dem, was übrig blieb. Den zähen, überwiegend nur noch aus Fett bestehenden Rest wird Steuber wohl entsorgt haben, denn eines Tages war er weg.

Das Motto in dieser Woche, großformatig angeschlagen am Schwarzen Brett, das täglich zu beachten war, lautete kurz und prägnant:

„Finger lang! Ehrgeiz!"

Anfang Mai besserte sich das Wetter. Zwar kam es noch immer zu sporadischen Schneeschauern, trotz der Sonne, die manchmal schon ziemlich intensiv schien. Doch im Gelände von Nordoe wurde es zusehends angenehmer und auch interessanter. Das sture „tiefkriechend bis auf meine Höhe vorarbeiten!", bei dem die Höhe durch den zurück weichenden Unteroffizier sehr variabel gestaltet werden konnte, so dass ich gelegentlich den Eindruck hatte, den Übungsplatz auf den Ellbogen durchqueren zu müssen, kam immer seltener vor.

Nordoe verlor immer mehr den anfänglichen Schrecken, den es verbreitet hatte, vor allem wurde das, was jetzt trainiert wurde, auch deutlich abwechslungsreicher. Ich erinnere mich an eine Tarnung, die so gut war, dass die drei anderen Gruppen des 2. Zuges uns 13 Mann der 6. Gruppe nicht bemerkten, obwohl wir keine 20 Meter entfernt im kniehohen Gras lagen. Wir durchstreiften das Gelände in kleinen Gruppen, um aufzuklären oder „Gefangene" zu machen, denen mit Körperkraft unser Willen aufgezwungen wurde. Überhaupt, der Stahlhelm drückte nicht mehr, die immer noch zu weite Uniform störte kaum noch, und auch das Schuhwerk produzierte keine Blasen mehr an den Füßen. Und selbst beim immer noch aktuellen Mittagslauf befand ich mich inzwischen im vorderen Mittelfeld, wenn nicht sogar noch weiter vorn. Doch der Abend eines jeden Landkampftages gehörte wie immer dem Zeugdienst, denn man hatte zu beachten:

Nur f r i s c h e r Schmutz ziert den Soldaten!

I: Nordoe und der Marsch zurück

Das von der Marine genutzte Gelände von Nordoe lag
auf einem Geestrücken östlich von Kremperheide und
grenzte im Norden an Nordoe und im Süden an die
Elbmarsch.

Eigentlich war die Marschstrecke zwischen Nordoe und
der Kaserne nur gut 15 Kilometer lang. Aber es gab viele
Möglichkeiten, diese über Umwege in beliebiger Länge
auszudehnen. Das heißt: Die Rückmärsche in Richtung
Kaserne wurden im Laufe der Zeit immer länger. :I

Kampfpause - Stillleben in Nordoe

Die 16. Gruppe - Schießpause in Basten

Was die 5. Kompanie zur Mondscheinkompanie machte, war die Tatsache, dass der Feierabend für uns Rekruten erst eingetreten war, wenn wir im Feldbett lagen. Und auch dann waren wir vor Alarmübungen nicht sicher.

Doch an einem Tag war alles ganz anders, nämlich an dem denkwürdigen 5. Mai des Jahres 1966.

Da versammelte sich nämlich die gesamte 5. Kompanie abends vor dem Fernseher im Kompanielehrsaal, um dem Endspiel im Fußball-Europapokal beizuwohnen, sogar die Unteroffiziere waren fast vollzählig anwesend.

Die Vereine, die in Glasgow gegeneinander antraten, waren Borussia Dortmund und der FC Liverpool.
Es war ein spannendes Spiel. Zur Halbzeit stand es noch 0 : 0, danach ging Dortmund durch Held in Führung, aber Liverpool glich wenig später aus. Dabei blieb es bis zum Ende der regulären Spielzeit. Das Spiel ging also in die Verlängerung von zweimal 15 Minuten.

Lange passierte nicht viel, doch dann, in der 106. Minute, erzielte „Stan" Libuda das Tor zum 2 : 1 Endstand. Borussia Dortmund hatte den Europapokal gewonnen!

Ganz Deutschland feierte dies bisher einmalige Ereignis, auch wir, und zwar gleich im Anschluss des Spiels in der Kantine. Noch lange wurde über das entscheidende Tor gesprochen. Libuda hatte in einer Bogenlampe von halb rechts auf das Tor geschossen, der Ball sprang von der Latte zurück und genau gegen den Rücken des sich vergeblich werfenden englischen Torwarts, und von dort flog das Leder in die Maschen. Kurioser ging es kaum.

Die Vereidigung, die am Mittwoch, den 18. Mai 1966 stattfinden sollte, warf längst ihre Schatten voraus. An einem Regentag wurde das Antreten im Bataillon geübt, diesmal in der Sporthalle. Außerdem überwog nun der Formaldienst in allen Varianten. Das galt auch für den Spielmannszug. Der wichtigste Mann war hier der Mann mit der Pauke, denn der eigentliche Sinn unserer Formation sollte es sein, den einheitlichen Marschtritt der Kompanie auf dem Marsch zur Glückstädter Kirche am Nachmittag des Vereidigungstages zu gewährleisten. Insofern waren die Bemühungen der Flötisten eher schmückendes Beiwerk, aber zusammen mit der gut funktionierenden Lyra, deren heller Klang sogar die Querflöten übertönte, hörten sich unsere akustischen Emissionen schon recht passabel an.

Am Sonntagmorgen des 15. Mai wurde befehlsgemäß in der gesamten Marine der „Sommer" eingeführt. Damit rückte plötzlich erneut der Zeugdienst in den Mittelpunkt der Aufmerksamkeit, denn von nun an sollten in der Öffentlichkeit nicht mehr die Blusen und Mützen in Blau getragen werden, sondern in blütenreinem Weiß. Diese Bekleidungsvariante nannte sich „Anzug Pinguin".

Da musste sogar die Vorschriftenkunde nach „Reibert", die Bibel der Bundeswehr, ein Stück weit im Hintergrund bleiben. Und selbst für das „Themenheft", das als handschriftlicher Nachweis der inzwischen erworbenen Kenntnisse zu führen war, blieb uns jetzt nur noch die Zeit nach dem Tagesdienst. Denn es war wirklich nicht wenig, was wir in optisch und funktionell ansprechender Form zu Papier zu bringen hatten.

113

Die Glocke in der Parkanlage vor Block Berlin. Es ist die Schiffsglocke des kaiserlichen Küstenpanzerschiffs SMS SIEGFRIED, in Dienst gestellt um 1890, außer Dienst gestellt im Jahre 1919.

Mittwoch, 18.5.1966

Das Motto dieser Woche hieß schlicht und einfach:

„Vereidigung!"

Während am Montag noch im frischen Maiengrün auf dem Truppenübungsplatz in Nordoe herumgesprungen worden war, wurde der Dienstag fast ausschließlich dem Zeugdienst und dem Formaldienst reserviert. Draußen wurde exerziert und marschiert, drinnen wurde geputzt und gebügelt. Die Uniform in Blau und Weiß wurde auf Vordermann gebracht, die weiße Fliege auf dem Knoten des Exkragens wurde ebenso mit Zeitungspapier geplättet und gestärkt wie der Exkragen auch, und die Seestiefel wurden so gewienert, dass man sich fast darin spiegeln konnte. Eine allerletzte Übungseinheit absolvierte ich bei den „Puffmusikern", auch hier war die Stimmung nahezu euphorisch. Am Vormittag des besagten Mittwochs war von einem regelmäßigen Dienst kaum noch etwas zu bemerken, alle fieberten dem kommenden Großereignis „Vereidigung" entgegen. Doch bis es dazu kam, hatten Hisdorf und ich noch eine Sonderaufgabe zu erfüllen: die Bewachung der übergroßen, auf Hochglanz polierten Messing-Glocke in dem kleinen Parkgelände vor dem Block BERLIN. Wir waren schon in der „2.Geige", als wir dorthin marschierten und links und rechts von dem Fahnenmast, an dem die besagte Glocke hing, Stellung bezogen. In strammer Haltung, übrigens auch dann, als sich die Schneeflocken eines überraschend auftretenden Schauers nicht nur vereinzelt im Brustausschnitt unserer Matrosenkluft sammelten.

Um 1400 Uhr ging es los: „Kompanie heraustreten in „2. Garnitur, blau, mit Stiefeln und 2 halben Schlägen". Die Kompanie trat an, um zum zentralen Marktplatz von Glückstadt zu marschieren, wo sich die Kirche befindet, um sich dort geistig-moralisch auf den hoheitlichen Akt der Vereidigung vorbereiten zu lassen. Nur ich war derweil schon längst beim Spielmannszug, wo die letzten Anweisungen für den großen Auftritt erteilt wurden. Endlich war es soweit.

Die Aufgabe des Spielmannszuges sollte es nun sein, vor der 5. Kompanie einher zu marschieren und ihr mit klingendem Spiel, vor allem aber auch mit dem Schlag der Pauke den Marschrhythmus, auf dem Marsch zur Kirche und zurück, vorzugeben.

...mit klingendem Spiel...

Der Spielmannszug marschierte also an der Spitze des blauen Lindwurms, der sich durch das Kasernentor, dann nach links in Richtung Glückstädter Marktplatz bewegte. Unser Pauker gab den Takt an - nicht nur für uns, sondern vor allem für die Marschierenden hinter uns, die beiden Trommler bearbeiteten das Kalbfell, wir Flötisten erzeugten grelle und kaum zu überhörende Töne, und hell erklang der Schellenbaum. Es ließ sich gut an!

Der Pauker paukte fast professionell, der Mann an der Lyra spielte fehlerlos und die Mehrheit der Flötisten blies munter drauf los. Einzelne Abweichungen im Bereich der Tongebung fielen da kaum ins Gewicht.

Nach etwa zwei Kilometern eines Marschs, der von uns „Puffmusikern" einigermaßen melodisch, aber vor allem rhythmisch gut begleitet worden war, bog die Kompanie auf den idyllischen Marktplatz dieses kleinen Städtchens ein. Dann rückten die Kirchgänger in die Kirche ein, wohingegen wir Musiker viel Wichtigeres zu tun hatten, nämlich das nebenan befindliche Gasthaus anzusteuern. Hier legten wir die Instrumente ab und nahmen Platz an den mit Damast und Silberbestecken gedeckten Tischen. Das Festessen, für das der Raum vorbereitet war, wurde uns zwar nicht serviert, aber es gab ein großes Glas Bier für jeden von uns, hochherzig spendiert von unserem Chef, dem Hauptgefreiten UA Meins. Als er „Prost!" gesagt hatte, erhoben auch wir das Glas, und gemeinsam nahmen wir dessen Inhalt zur Brust.

Wenig später marschierte die 5. Kompanie zurück, erneut vom Spielmannszug geführt. Ob und inwieweit allerdings unsere Bemühungen bezüglich des Gleichschritts der Kompanie hinter uns Erfolg hatten, das konnten wir von der Position an der Spitze nicht sehen. Aber zumindest optisch machte unsere Truppe etwas her.
In der Kaserne angekommen, hatte der Spielmannszug seine Aufgabe erfüllt, und wir Tonkünstler wurden vom Hauptgefreiten UA Meins mit Dank entlassen. Nun eilte auch ich zurück in die Stube der 6. Gruppe, um die Vorbereitung für die Vereidigung zu erledigen. Diesmal war Anzug Pinguin angesagt: Blaue Hose mit 2 halben Schlägen, Stiefel, weiße Bluse, weißer Mützenbezug. Und dieses Mal war das Marinemusikkorps „Nordsee" erschienen, um den erneuten Marsch zum Glückstädter Marktplatz jetzt ganz professionell zu unterstützen.

Der Ehrenzug mit der Bataillonsfahne erscheint.

Vereidigung auf dem Marktplatz zu Glückstadt, 18.5.66

Auf dem zuvor von der Polizei großräumig abgesperrten, mit Blumen, mit in Pyramiden aufgestellten Gewehren und mit Kutter-Bootsriemen geschmückten Marktplatz angekommen, begann es bereits dunkel zu werden. Das Bataillon nahm Aufstellung im offenen Karree, das Musikkorps hinter dem Rednerpult, die mitgeführten Fackeln wurden entzündet. Das Musikkorps spielte, und das in größerer Anzahl herbeigeströmte Publikum lauschte ergriffen. Der Ehrenzug präsentierte das G3, dann erschienen die hohen Offiziere. Kein Laut störte die Zeremonie, die Befehle klangen fest und klar.

Die Nacht war nun vollends hereingebrochen, nur der große Kandelaber und das flackernde Licht der Fackeln erhellten das Geschehen. Nach der Ansprache des Admirals erfolgte, musikalisch umrahmt von Teilen des Großen Zapfenstreiches, die Vereidigung. Für uns als Zeit- und Berufssoldaten als Eid, für die Wehrpflichtigen der anderen Kompanien als Feierliches Gelöbnis: „Ich schwöre (oder gelobe), der Bundesrepublik Deutschland treu zu dienen, das Recht und die Freiheit des deutschen Volkes tapfer zu verteidigen, so wahr mir Gott helfe!"

Unter der Mitwirkung des Musikkorps NORDSEE ging ein durch und durch würdiges Ereignis zu Ende. Beim Rückmarsch im schwachen Schein der Fackeln kam das Bataillon nur kurz außer Tritt bei dem Abmarsch vom Marktplatz der Stadt, es festigte den Tritt aber schnell wieder, als es nur noch geradeaus ging.
Vor dem Offiziersheim, auf halber Strecke zur Kaserne, nahmen der Admiral und die Kommandeure vom Regiment und vom Bataillon grüßend den Vorbeimarsch ab. Sogar die Bataillonsfahne trat dabei in Erscheinung.

Als wir den hohen, schlanken Leuchtturm, der auch in dieser Nacht ohne Unterlass sein Licht durch die Nacht warf, passiert hatten, da war es nicht mehr weit bis zur Kaserne von Glückstadt.

Der Vorbeimarsch des 2. Zuges der 5. Kompanie des 3. Marineausbildungsbataillons in Glückstadt im Mai des Jahres 1966.

I: Das Gasthaus

In diesem Hause befand sich das Gasthaus FORTUNA, einst ein beliebtes Lokal aller Mariner von Glückstadt. Das Haus steht ganz in der Nähe der noch heute vorhandenen Kaserne.

Hier feierten einst nicht nur die 6. Gruppe, sondern auch viele andere Gruppen und Züge aller fünf Kompanien des 3. Marineausbildungsbataillons Glückstadt. Der Eingang war links am flachen Anbau. :I

Zwei Tage später, am Freitagabend vor Pfingsten, traf sich die 6. Gruppe zusammen mit Obermaat Kohl zum Gruppenfest im Gasthaus FORTUNA, benannt nach der Namenspatronin der Stadt und in Sichtweite der Kaserne gelegen. Statt des meist drögen Abendessens gab es nun Spießbraten vom Grill sowie Bier vom Fass. Letzteres in einer Menge, die mich doch sehr erstaunte. Entsprechend verkatert war ich am Samstagmorgen beim Reinschiff.

Als gewissen Höhepunkt empfand ich den Moment, als tags darauf, am späten Vormittag des sonnig-warmen Pfingstsonntags, Obermaat Kohl, ansprechend gekleidet mit Schlips und Jackett, in leutseliger Stimmung sowie mit dem kleinen Töchterchen an der Hand, „seiner" 6. Gruppe einen überraschenden Privatbesuch auf der Stube abstattete.

Eine ganz wesentliche Neuerung nach der Vereidigung war allerdings, dass uns nun, da wir jetzt als vollwertige Soldaten angesehen wurden, regelhaft Landgang gewährt wurde, allerdings nur in Uniform. Sogar abends nach Dienst war dies nun möglich, genutzt wurde dies jedoch meistens nur am Wochenende zum Ausgang in die Stadt oder zur Heimfahrt nach Hause. Für mich jedoch kam nichts davon in Frage, der peinlichen Musterung durch den UvD wollte ich mich immer noch nicht unterziehen und für eine Fahrt nach Hause war die Entfernung viel zu weit. Da spazierte ich doch lieber durch das weitläufige Kasernengelände und kam dabei an Gegenden vorbei, die beim Dienst nur selten berührt wurden. Ein solches verlassenes Fleckchen grün bewachsener Erde war der Schießgarten, dessen Daseinsberechtigung sich mir auch später nicht erschloss, da er niemals genutzt wurde.

Weitere Stellen ungestörten Alleinseins am Wochenende waren für mich der Bereich der Munitionsbunker, die verstreut im Gelände lagen, und die Gegend am Sportplatz.

Die Abende der Pfingsttage jedoch verbrachte ich mit den verbliebenen Stubenkameraden im Saal der Kantine. Doch mehr als ein Bier gönnte ich mir meistens nicht, manchmal hatten wir unseren Spaß am Tischfußballspiel und wenn die Stimmung allzu überschwänglich war, gab ich eine Runde Musik aus der Musikbox aus. Gern entschied ich mich für „Monday, Monday" von den „Mamas und Papas", zum Hinweis auf den montäglichen Landkampf in Nordoe, oder für „Yellow submarine" von den Beatles in Anbetracht der Tatsache, dass wir bei der Marine waren.

Das Frühstück wurde übrigens nicht nur an Pfingsten, sondern auch an allen anderen Sonntagen auf der Stube eingenommen. Zwei Leute aus jeder Gruppe hatten dann als „Backschafter" die Aufgabe, das Frühstück, inklusive Geschirr, Besteck und Kaffeekanne, von der Kantine abzuholen und alles „aufzubacken" auf den rustikalen Tischen der Stube. Nach wie vor galt mein kulinarisches Interesse der leicht ranzig schmeckenden, aber scharf gewürzten salamiähnlichen „Plockwurst", die mir selbst auf den süßlichen Rosinen-Milchbrötchen, die fast immer anstelle der gewöhnlichen Brötchen ausgegeben wurden, so gut schmeckte, dass ich kaum genug davon bekommen konnte. Das mag manche der Kameraden erstaunt haben, mich jedenfalls hat die Vorliebe einzelner überrascht, den Käsebelag noch zusätzlich mit Senf oder gar mit Marmelade zu verfeinern.

Obwohl wir nun vereidigt waren und damit allen Soldaten der Marine und der Bundeswehr annähernd gleichgestellt waren, selbstständig zum Essen in die Kantine zu gehen, dazu reichte es nicht. Ob das Frühstück, das Mittagessen oder ob das Abendessen anlag, noch immer musste die 5. Kompanie auf dem Appellplatz zwischen den Blöcken SACHSEN und THÜRINGEN antreten und im Gleichschritt die wahrlich kurze Strecke bis vor das Kantinengebäude marschieren. Und nach wie vor galt: Bewegung auf dem gesamten Kasernengelände nur im Laufschritt. Ausnahme: am freien Samstagnachmittag und am ebenso freien Sonntag.

auf der Stube der 6. Gruppe am Wochenende

Auch wenn wir gedacht hatten, von der abendlichen Ronde durch die Stuben befreit zu werden, so lagen wir falsch. Noch immer suchten die Unteroffiziere den Staub auf den Rahmen der Türen, auf der Lampe und in den dunkelsten Ecken der Spinde. Beliebt war da auch die Kontrolle des Innenlebens der Rasierapparate, aber da hatte so mancher Crewkamerad schon vorgesorgt und sich ein Duplikat zugelegt: Einen unbenutzten Rasierer zum Vorzeigen, während das täglich benutzte Gerät im Wertfach deponiert wurde. Denn da war eine Kontrolle nicht erlaubt.

Als endlich vollwertig gewordene Soldaten hatten wir nun auch das zweifelhafte Vergnügen, die Tor-Wache zu stellen. Um 0740 Uhr und „in Anzug: 2. Garnitur, blau mit 2 halben Schlägen, Seestiefel und Koppel" wurden wir zum Kasernentor befohlen, wo mit dem Befehl „6. Gruppe: In Linie zu einem Glied: Still gestanden!" die Aufstellung genommen wurde zur sog. „Vergatterung".

Mit dieser für uns nicht so ganz nachvollziehbaren Maßnahme sollte gewährleistet sein, dass nun die 6. Gruppe aus dem Truppendienst herausgezogen war und jetzt für den Sonderdienst des Wachegehens bereit stand. Und dieser Vorgang sollte nur und allein durch das laut und prononciert ausgestoßene Wort „Vergatterung" erreicht sein!

Nach der Wachablösung kurz nach 0800 Uhr und nach vorausgegangener „Flaggenparade" bezog die 6. Gruppe die Wachräume im Frontgebäude der Kaserne und stellte ab sofort zwei Posten zur Kontrolle am Schlagbaum, einen Posten vor dem Schilderhäuschen, dessen Aufgabe es war, im „Rührt Euch!" einen guten Eindruck zu machen und bei Bedarf im „Stillgestanden!" zu grüßen, zwei Mann, die als Doppelstreife den Kasernenzaun zu bewachen hatten, und einen Mann als „Läufer" zur besonderen Verfügung des wachhabenden Unteroffiziers. Die restlichen sieben der 13 Mann starken 6. Gruppe waren somit erst einmal ohne Aufgabe und konnten die Zeit der Bereitschaft in den beiden im Hintergrund befindlichen Räumen verbringen, die zum einen mit Tischen und Stühlen und zum anderen mit sechs Doppelstockbetten ausgestattet waren. Bevorzugt, aber umgehend und in voller Montur, wurde von den Betten Gebrauch gemacht, und erst als man des Schlafes überdrüssig geworden war, hatte man nun Zeit für andere Dinge, wie z.B. für das Führen des Themenhefts. Es war allerdings auch möglich, in der noch von der abgelösten Wache zurückgelassenen Bildzeitung zu schmökern und dabei ein wenig Kaffee zu trinken.
Nach zwei Stunden wurde die erste Wachhälfte abgelöst, die danach in Bereitschaft ging.

Was mich betraf, so war meine erste Aufgabe die des „Postens Schilderhäuschen", der schon bald mit einem der Posten am Schlagbaum getauscht werden konnte, nicht nur wegen der einseitigen Belastung des „Strammstehens", sondern auch wegen der damit stets verbundenen Langeweile. Da war am Schlagbaum und bei der Ausweiskontrolle am Tor eindeutig mehr los.

Die Wache dauerte genau 24 Stunden, wovon 12 Stunden für den eigentlichen Wachdienst vorgesehen waren und 12 Stunden für den Bereitschaftsdienst. Letzterer wurde bei uns allerdings zu keiner Zeit in Anspruch genommen und konnte deshalb voll und ganz der Ruhe und der Erholung dienen.

In Erinnerung behalten habe ich ganz sicher meinen Abenddienst im Schilderhäuschen, als mir ohne Pause die Sonne genau in die Augen schien, ohne dass ich dem entgehen konnte, und die nachmitternächtliche Runde am Kasernenzaun mit Hisdorf.

Es waren zwei ruhige Stunden einer absolut stillen und vollkommen klaren Nacht, die wir auf Doppelstreife verbrachten. Hin und wieder lauschten wir den seltsamen Tiergeräuschen, die an unsere Ohren drangen, doch meist waren wir in interessante Gespräche vertieft, die die Zeit der Wache rasch vorübergehen ließen.

Kurz vor 0800 Uhr hieß es für die gesamte 6. Gruppe: „Heraustreten zur Flaggenparade!" Danach gab der Wachhabende Offizier den Befehl, die Kasernenzufahrt zu sperren und mit dem Befehl: „Front zur Flagge - heißt Flagge!" die pünktlich zur Zeit des Sonnenuntergangs am Vorabend eingezogene Dienstflagge erneut zu hissen.

Nach der Wache war für die 6. Gruppe der 5. Kompanie der erste Wachdienst beendet, aber noch ein weiterer sollte im Laufe der Grundausbildung auf uns zukommen. Nichts Ungewöhnliches war passiert, aber es soll auch schon vorgekommen sein, dass der Befehl zur Sperrung der Kasernenauffahrt zum Erreichen einer ungestörten Durchführung der 0800 Uhr-Flaggenparade in der Weise verstanden worden ist, dass die vor dem Kasernentor entlangführende Straße, die Ausfallstraße von und die Zufahrtsstraße nach Glückstadt, von einem übereifrigen Wachsoldaten komplett gesperrt wurde, was dann immer rasch zum Zusammenbruch des gesamten Frühverkehrs führte.

Auch für die 6. Gruppe des 2. Zuges begann nun der übliche Kasernendienst in all seinen Varianten, wenn auch mit der geringen Verzögerung durch die verspätete Frühstückseinnahme aufgrund des soeben erst beendeten Wachdienstes. Aber natürlich nicht in der „2. Geige, blau", sondern dann wieder im tagtäglichen Oliv, mit Stiefeln, mit Stahlhelm und mit Gewehr, mit der ABC-Schutzmaske und dem Koppeltragegestell, und mit den vier Munitionstaschen vor der Brust sowie mit dem Klappspaten und dem Kampfmesser am Koppel. Dafür aber oft genug nach dem Befehl: „Rührt Euch, ein Lied!" mit einem flotten Song auf den Lippen.

Antreten zum Formaldienst: „In Reihe zu 3 Gliedern angetreten!" - „Richt´ Euch!" - „2. Zug, stillgestanden!" - „Rechts um!" – „Im Gleichschritt, Marsch!"

Eine Abwechslung war es eigentlich immer, wenn Sport auf dem Dienstplan stand. Der hatte bisher meistens in der Halle stattgefunden bei Circuittraining oder Handball, obwohl der unebene Fußboden weder für das eine noch für das andere geeignet war.

Doch nun, da das Wetter inzwischen wärmer geworden war, wurde auch vom Schwimmbad Gebrauch gemacht. Zwar war das Wasser anfangs noch absolut kalt, aber es machte mir trotzdem Spaß, mich im nassen Element zu tummeln. Erfreulich war, dass ich bei allen geforderten Disziplinen sogar weit besser abschnitt, als ich es erwartet hatte. Obwohl ich den Crawl-Stil nicht beherrschte, was für mich sehr nachteilig war beim dienstlich angeordneten Wettschwimmen nach Zeiten, so war ich doch immer mit unter den ersten, die im Ziel waren. Als Inhaber des sog. „Jugendschwimmscheins", dessen Erwerb allerdings schon Jahre zurück lag, hatte ich also weder beim Schwimmen noch beim Tauchen ein Problem, ganz im Gegensatz zu manch anderen, die sich im Wasser offensichtlich gar nicht zuhause fühlten.

Die Abende widmete ich nun und notgedrungen öfters dem Themenheft. Ich hatte zwar im Wachlokal während der Freiwache schon einiges nachtragen können, aber das reichte bei weitem noch nicht. Also griff ich nun nach Dienst zum Füllfederhalter, um die immer umfangreicher werdenden Aufzeichnungen zu vervollkommnen.

Das am Ende 120 Seiten umfassende Themenheft

I: Die Themen des Themenheftes:

01. Pflichten des Soldaten - Soldatengesetz
02. Die Wehrdisziplinarordnung
03. Das Wehrstrafrecht
04. Der Wehrbeauftragte
05. Die Seestrategische Lage in Nord- und Ostsee
06. Die Aufgaben der Marine
07. NATO-Organisation, Marineorganisation
08. Schiffs- und Flugzeugtypen der Marine
09. Das Vorgesetztenverhältnis
10. Festnahme und Waffengebrauch
11. Die Grußordnung
12. Die Feldjäger
13. Die Standortdienstvorschrift
14. Der Innere Dienst
15. Schießlehre
16. Das Verhalten auf dem Schießstand
17. Das Gewehr G3
18. Die Pistole P1 (Walther P38)
19. Die Maschinenpistole MP2 - UZI
20. Das Maschinengewehr MG1 - MG42
21. Die Handgranate - Splitterhandgranate MK2
22. Die Panzerfaust 44 - 1A1
23. Lieder
24. Die ABC-Schutzmaske   :I

Von der 5. Gruppe bekam ich nicht soviel mit, außer dass der sehr sportliche Obermaat Schrum wohl ein ganz guter Gruppenführer war, fast schon ein Kamerad, obwohl er leicht rothaarig war, und Rothaarige sollten bekanntlich immer mit Vorsicht genossen werden. Obermaat Kohl dagegen war, von seltenen Ausreißern einmal abgesehen, auch ganz in Ordnung. So, wie er zur Korpulenz neigte, so überwog doch eindeutig eine Gemütlichkeit, die man den Übergewichtigen oft attestiert. Aber er konnte auch ganz anders. Dann kam es vor, dass jemand, der ihm unangenehm aufgefallen war, sich auf einen Stuhl zu stellen hatte, im Gelände auf eine sich gerade anbietende Erhöhung, und danach gezwungen war, den seltsam bizarren Satz auszurufen: „Mit mir hat die Marine einen Fang gemacht!"

Ganz verstand ich den Satz nie, denn ein Fang kann gut oder schlecht sein. Ich war mir allerdings sicher, dass zu früheren Zeiten ganz andere Sätze ausgerufen werden mussten, diese aber dann auf höhere Weisung in die jetzige Variante abgemildert worden waren.

Ob der auf mich immer ein wenig verschlagen wirkende Maat Tiele tatsächlich so verschlagen war, ist mir nie wirklich bekannt geworden, denn dafür war selbst die in der Nachbarstube hausende 7. Gruppe zu weit entfernt. Der vierschrötige und zur Fettleibigkeit neigende Maat Heins fiel mir eher mit der ihm eigenen bräsigen bis pampigen Ansprache auf. Über eine lange Zeit gelang es mir, mich aus seiner Reichweite zu halten, aber dann hatte ich doch noch einmal seinen Unwillen erregt. Die Folge war, dass ich, als der Rest der 6. Gruppe schon längst in der Koje lag und schnarchte, immer noch Unterwäsche und Uniformteile vor dem UvD-Zimmer vorzeigen musste. Erst um 2300 Uhr war er seines Spiels müde und ließ von mir ab. Aber da hatte ich schon eine ganze Stunde Schlaf verloren.

Was meine Person betraf, so war ich sicher, dass es vor allem der Zugführer Dziambor war, der mich besonders im Blick hatte. Dies allerdings im Guten wie im Bösen. Meine Leistungssteigerung der letzten Zeit hatte er durchaus bemerkt, dennoch musste ich auf der Hut sein. Als die „beliebte" Umziehübung „Flagge Luzi" - beim Heer „Maskenball" genannt - einmal wieder nach Dienst, aber noch bei Helligkeit, auf dem Programm des 2. Zuges stand, muss er mich beim Umziehen von der „1. Geige" in die Oliv-Montur beobachtet haben, denn auf dem Antreteplatz, als der Zug wieder in Reih und Glied ausgerichtet war, fragte er: „Wer von Ihnen trägt noch das weiße Unterhemd unterm Oliv-Zeug?"

In der Tat, ich hatte erstmals, um Zeit zu schinden bei dieser Geschwindigkeitsumziehübung, unter dem Oliv-Unterhemd das zum Blauzeug gehörende weiße Unterhemd anbehalten. Doch nachdem sich kein einziger gemeldet hatte, auch nachdem er ein zweites Mal gefragt hatte, kam er auf mich zu, sah mir mit seinem stechenden Blick in die Augen und sagte: „Ziehen Sie mal das Oliv-Hemd zur Seite!" Ich tat wie befohlen, und prompt leuchtete das Weiß des Unterhemdes hervor. „Und wie kommt d a s dahin?", fragte er schneidend. Ich aber blieb ganz ruhig, schaute ihm nun, um seinem Blick zu entgehen, auf die Nasenwurzel und antwortete: „Keine Ahnung, Herr Leutnant, das muss mir in der Hektik total entgangen sein!"

Dziambor stutzte einen Augenblick, dann, während er sich abwendete, sagte er: „In Bremerhaven haben sie mal einen Mann erschossen, weil der keine Ausrede hatte."

Eigentlich kam ich mit den Umziehübungen dieser Art immer ganz gut zurecht. Ich war flink genug, sodass ich immer schnell wieder unten antreten konnte. Einmal war ich sogar so flott unterwegs gewesen und war so früh auf dem Antreteplatz zurück, dass ich dort ganz alleine stand. Da dachte ich schon daran, irgendetwas missverstanden zu haben. Jedenfalls war ich gerade im Begriff, mich wieder zur Tür hin zu orientieren, um zu sehen, was los ist. Aber da „wälzten" sich die Kameraden auch schon im Pulk die Treppe herunter, und ich wusste, dass alles „ok" war.

Das Besondere an „Flagge Luzi" war, dass am Ende immer das absolute Chaos im Spind herrschte. Und jedes Mal kam nach dem letzten Antreten der belebende Hinweis: „In 5 Minuten: Spindmusterung!" Da war dann viel zu tun, alles wieder vernünftig einzuräumen, aber auffällig wurde ich nun nicht mehr.

Die Übung „Flagge Luzi" wurde eine Weile noch als ausgefallene Modeerscheinung durchgeführt, dann schien sie wieder in Vergessenheit geraten zu sein. Tatsächlich gefehlt hat sie mir danach aber auch nicht.

Einige Male hatte es nachts schon „Alarm" gegeben, aber entweder hatte man uns nach dem Antreten wieder in die Kojen entlassen, oder wir waren nur kurz durch das Kasernengelände marschiert, wie es bei den anderen Kompanien gehandhabt wurde. Aber ganz offensichtlich musste wieder einmal nachhaltig am besonderen Ruf der Mondscheinkompanie gearbeitet werden, und zwar ganz besonders beim 2. Zug.

Denn jetzt blieb es nicht mehr nur bei einer kurzen Unterbrechung des nächtlichen Schlafes, nun rückte der 2. Zug, aber manchmal auch die gesamte 5. Kompanie, tatsächlich aus und marschierte. Und da waren die Zeiten so einkalkuliert, dass man pünktlich zurück war, um das Frühstück ordnungsgemäß einnehmen zu können.

Das hieß aber auch, dass die Alarmzeit an die Länge des geplanten Ausmarschs angepasst werden musste. Im Klartext: Wurden die Märsche länger, kamen die Alarme früher.

Wieder schrillte die Trillerpfeife des UvD: Alarm!
Es war vielleicht gegen 0330 Uhr, und noch war es draußen stockdunkel. Der 2. Zug hatte aber am Vorabend den „Alarm-Stuhl" gebaut, so dass wir alle sehr schnell „kampfbereit" waren.

Nach dem Antreten marschierte der 2. Zug los. Durchs Kasernentor im Frontgebäude bis zur Straße, dann nach rechts. Danach immer gerade aus. Wir passierten die Glückstädter Stadtgrenze und marschierten weiter. Zur Linken lag der Elbe-Deich, und zur Rechten wurde die Bebauung nun immer spärlicher. Dann, im Dunst der Nacht nur schemenhaft zu erkennen, waren es jetzt noch einzelne reetgedeckte Bauerngehöfte, die windschief und allseits von Wassergräben umgeben, auf flachen Warften standen, die sich nur wenig aus der Niederung der „Blomeschen Wildnis" erhoben. Noch war es still, kein einziges Wort fiel, kein Laut war zu hören bis auf das gleichförmig getaktete Geräusch der Stiefel auf dem Asphalt und, synchron dazu, das rhythmische Schlagen von Waffen und Ausrüstung.

Gedanken gingen mir durch den Kopf, fast träumte ich im Halbschlaf vor mich hin, und doch setzte ich einen Fuß vor den anderen, wie alle anderen Kameraden vom 2. Zug auch, die im gleichen Schritt und Tritt durch die Nacht marschierten.

Kurz vor 0400 Uhr wurde es heller, der Morgen dämmerte. Ein leichter Nebel lag über der Elbmarsch, doch die Konturen der Umgebung traten nun immer deutlicher hervor. Erste Lichter gingen an, das Leben erwachte.

Als wir an den Weiden vorbeimarschierten, waren wir für die dort grasenden Kühe wohl ein ganz besonderes Ereignis, das größte Aufmerksamkeit erregte. Sie kamen heran, und nahmen uns in Augenschein.

Genau um 0407 Uhr brach der Tag an, der Nebel wich. Nun aber fingen die Kühe an zu blöken und riefen lautstark nach ihrem Personal. Und das funktionierte, denn nicht viel später, aber fast gleichzeitig wurden die Motoren angeworfen. Bald kamen die Bauern auf ihren Treckern angefahren, sie waren auf dem Weg zu den Weiden, mit den Milchkannen auf den Anhängern.

Wir marschierten bis vor den Deich des Flusses Stör, von dem zwar nichts zu sehen war, der aber ganz in der Nähe in die Elbe einmünden musste. Dann am Stör-Deich entlang, bis wir, anfänglich vom Neuendeich kommend, jetzt den landeinwärts liegenden „Altendeich" erreichten. Hier bogen wir erneut im rechten Winkel ab und marschierten weiter, bis wir nach einigen Kilometern nach Westen einschwenkten. Die Morgensonne schien bereits kraftvoll, als die Kaserne in Sicht kam. Um kurz vor 0600 Uhr passierten wir das Tor.

Über sieben Kilometer war der 2. Zug an diesem Morgen marschiert und hatte so einmal mehr den besonderen Ruf der Mondscheinkompanie zementiert, und das sogar im Alleingang.

Auf den Stuben legten wir den Stahlhelm auf dem Spind ab, sortierten das Gewehr und die Ausrüstung ein und strebten danach mit Handtuch, Toilettzeug und im Anzug „freier Oberkörper" dem Waschraum zu, um uns dort zu reinigen und frisch zu machen. Dann hieß es, ganz so wie an jedem anderen Morgen auch: „Heraustreten zum Frühstück!"

Der Tag hatte für den 2. Zug früh begonnen und sollte nun im üblichen Dienst zu Ende gebracht werden. Formaldienst stand an diesem Vormittag auf dem Plan, und diese Übung wurde - zumindest im 2. Zug - gerne mit dem einen oder anderen Lauf über die Kampfbahn „gewürzt".

I: Die Kampfbahn

Die Kampfbahn, wie sie damals offiziell genannt wurde, war in der Kaserne von Glückstadt eine militärische Hindernisbahn von mindestens 250 Metern Länge, die, vom Kasernentor aus gesehen, ganz hinten rechts im Gelände angelegt war.

Das erste schon kurz nach dem Start zu überwindende Hindernis war die sogenannte Eskaladierwand, eine quer zur Laufrichtung errichtete etwa 2 Meter hohe, glatte Holzwand.
Diesem Kletterhindernis folgten weitere Hindernisse, darunter ein schräg ansteigendes Balkengerüst, ein zum Teil wassergefüllter Graben, der zu überschreiten war, eine Balkenstiege in Form von Baumstämmen, die ebenfalls über einen Graben führten und balancierend zu nehmen waren, sowie weitere Schikanen in den diversen Ausführungen. Am Ende, auf dem Kasernengelände von Glückstadt, im 90 Grad-Winkel nach links zur bisherigen Laufrichtung, folgte dann das Stolperdrahtareal, ein etwa 40 Meter langes und 10 Meter breites Geflecht von quer und diagonal verlaufenden Stahldrähten, die in Höhe von 55 Zentimetern oberhalb des Bodens und über nach oben zugespitzten Holzpfählen gespannt waren. Die Fläche, auf der die dort verlaufenden und sich kreuzenden Drähte mit Krampen befestigt waren, betrug etwa 1 Zentimeter im Quadrat, vielleicht auch weniger. Der Stolperdraht kann zum einen entweder kriechend unterquert werden oder zum anderen im Laufschritt überquert werden. Besonders die letztere Variante wurde verlangt. :I

Beim Lauf über die Kampfbahn wurde die Zeit gestoppt, dazu war es hochwichtig, dass die gemeinsam startende Gruppe stets auch geschlossen am Ziel ankam. Es gab allerdings Kameraden, die sich an der Eskaladierwand schwer taten, diese zügig zu überwinden. Deshalb war es wichtig, dass man sich in der Gruppe half, um dort nicht mehr Zeit als nötig einzubüßen. Die anderen Hindernisse waren zwar nicht so schwierig, aber auch dort gab es Möglichkeiten, wertvolle Sekunden zu verlieren, z.B. beim Absturz in den Graben nach einem Balance-Fehler auf den längs liegenden Baumstämmen.

Es war Freitag, die Woche war so gut wie „gelaufen", und die Stimmung war entsprechend. Noch ein wenig Formaldienst bei gutem Wetter auf den Straßen der Kaserne, was sollte da noch kommen?

Doch dieser Freitag, der 3. Juni 1966, wurde für mich dann doch ein ganz besonderer Tag. Dabei hatte er am Vormittag routiniert begonnen und sollte dann, als die Mittagspause schon in Sicht war, mit dem Lauf über die Kampfbahn enden.
Auch dieses Mal verlor ich wieder Zeit beim Überwinden der Eskaladierwand, die ich durch erhöhten Einsatz an den nachfolgenden Hindernissen aufzuholen gedachte. Ich sprintete über die Holzgerüste, über die längs und quer liegenden Baumstämme, über den Wassergraben und hinein in den Stolperdraht. Wie immer lief ich hier mit schnellen, aber kurzen, stelzenden Schritten, um flott voran zu kommen. Als alle 4 Gruppen am Sammelpunkt angekommen waren, hätte das Thema „Kampfbahn" erledigt sein können. Doch Dziambor zeigte sich nicht zufrieden. Also noch einmal über die Kampfbahn!

Auch beim zweiten Mal verlief es nicht viel besser, bis die 6. Gruppe die Eskaladierwand überwunden hatte, für mich nun ein Grund mehr, den Lauf noch zu steigern. Sogar im Stolperdrahtareal erhöhte ich noch einmal das Tempo und stürmte voran. Nichts schien mich mehr aufzuhalten.

Doch plötzlich blieb ich mit dem linken Fuß an einem der Drähte hängen, und ehe ich mich versah, stürzte ich mit Schwung nach vorn, direkt in Richtung auf einen der angespitzten Pfähle, über die die Drähte geführt wurden. Fast hätte mein Ausweichmanöver im letzten Moment noch Erfolg gehabt, doch dann erwischte es mich doch noch am linken Brustkorb. Wie ein Messerstich fühlte es sich an, als sich der Pfahl in die Brust bohrte. Und für eine Sekunde wurde es mir schwarz vor Augen.

Mit der Hilfe des Kameraden Leyßner von der 5. Gruppe, die vor uns über die Kampfbahn gegangen war, rappelte ich mich wieder auf, beendete den Lauf durch den Stolperdraht und gesellte mich wieder zum 2. Zug. Damit war zwar die Zeit gerettet, doch irgend etwas stimmte nicht mit mir. Es war nicht der Schmerz, den ich noch fühlte, nein, es war die Luft, die mir jetzt in einer unerträglichen Weise wegblieb. Irgendetwas ließ meine Atmung wenig wirksam werden, und die Luft, nach der ich schnappte, war viel zu wenig. Ich hoffte, dass sich das bald wieder geben würde, und deshalb sagte ich nichts und wartete ab.

Aber Kameraden hatten bereits Meldung beim Zugführer gemacht. Dziambor kam auf mich zu, fragte nach, und nachdem ich all das, was ihm gemeldet worden war, bestätigt hatte, entschied er: „Dann gehen Sie gleich ins Revier und lassen sich durchchecken!"

Mit Stahlhelm und Gewehr, ABC-Schutzmaske und all dem, was mir sonst noch am Koppel hing, marschierte ich los. Doch nach kaum 50 Metern holten mich Hisdorf und ein weiterer Kamerad ein. Beide waren mir von Dziambor nachgeschickt worden, um mich zu begleiten, aber vor allem, um mich um das G3 und den Stahlhelm zu entlasten. Ich fand das zwar übertrieben, übergab aber dann doch diese Ausrüstungsteile. In dem Augenblick wollte ich es auch nicht auf eine Diskussion ankommen lassen.

Im Revier musste ich den Oberkörper frei machen, dann besah sich der Arzt meine nicht sehr imponierende Brustwunde und machte einige Tests. Am Ende sagte er: „Wahrscheinlich ein Pneumothorax, Sie müssen nach Herzhorn ins Lazarett, hier kann ich nichts für Sie tun."

Nun übergab ich den beiden Kameraden auch den Rest meiner Ausrüstung, dazu auch die Erkennungsmarke, an deren Kette die beiden Schlüssel hingen, die den Zugang zum Spind und zum Wertfach ermöglichten.

Als der VW-Bus, der übliche Routinebus zwischen der Kaserne und dem Marinelazarett Glückstadt-Herzhorn, vorgefahren war, stieg ich neben dem Fahrer ein, und los ging die Fahrt. Aus der Kaserne hinaus, dann links. Erst zum Marktplatz, dann ein Stück weit durch die östlichen Ausläufer der Stadt. Nach dem Passieren der Rhin-Brücke erreichte der Bus die „Engelbrechtsche Wildnis", jenes fast tischebene und nur landwirtschaftlich genutzte Grünland, das die Stadt im Osten und Süden weiträumig umgibt.

Nach wenigen Kilometern entlang einer Straße mit dem seltsamen Namen „Grillchaussee", und noch bevor der Ort Herzhorn selbst in Sicht gekommen war, bog der Fahrer erst nach links, dann nach rechts ab und fuhr in ein baumbestandenes Grundstück ein, das zu einem mächtigen, aus rotem Klinker und in U-Form erbauten, schlossähnlichen Gebäudekomplex führte. Ich stieg aus und stand nun vor einem eindrucksvollen Portal. Es war der Eingang zum Marine-Lazarett Herzhorn.

Ich trat ein und meldete mich an. Man hatte mich wohl schon erwartet, denn ohne dass viel Zeit verging, wurde ich dem Arzt vorgeführt. Die Diagnose von Glückstadt wurde bestätigt. Ich rechnete nun mit schmerzhaften und invasiven Behandlungen oder vielleicht sogar mit einer Operation, doch es kam anders.

I: Der Pneumothorax

Darunter versteht die Medizin den Zustand, wenn Luft in den „Pleuralspalt", den Spalt zwischen Rippenfell und Lungenfell, eingedrungen ist, egal ob von außen oder von innen. Denn die Lunge kann als Atmungsorgan nur dann funktionieren, wenn in dem besagten Pleuralspalt ein Unterdruck besteht. Dieser sorgt dafür, dass die Lunge bei jeder Hebung des Brustkorbs dessen Bewegung folgt.

Ist allerdings der Unterdruck nicht mehr oder nicht mehr ausreichend vorhanden, kann der betroffene Lungen-flügel den Bewegungen des Brustkorbs nicht oder nur teilweise folgen, entsprechend ist die Atmung reduziert. Schlimmstenfalls kollabiert der Lungenflügel komplett und fällt dann für die Atmung ganz aus. Man kann zwar durchaus mit nur einem Lungenflügel leben, aber je nach Umfang kann ein Pneumothorax auch lebensbedrohend sein.

In welchem Maße dieses Szenarium bei mir eingetreten war, wurde mir nicht mitgeteilt. Aber offensichtlich war es so, dass entweder durch eine angebrochene Rippe die Lunge beschädigt und dadurch der Unterdruck von innen beseitigt worden war, oder die Pfahlspitze hatte von außen dafür gesorgt, dass Luft in das „System Atmung" eingedrungen war. Auch beides war möglich. Wie auch immer, die Funktion der Atmung war bei mir nicht mehr in ausreichendem Maße gegeben, und das entsprach nun nicht mehr den Vorschriften der Bundeswehr. :I

Was an Behandlung nun nötig war, wurde sogleich im Anschluss an die Untersuchung durchgeführt, doch was es auch immer war, schmerzhaft war es nicht.

Abschließend wurde ich mit einem Klebeverband versorgt, der von der Achsel bis zum Bauchnabel reichte und vom Brustbein bis zum Rückgrat. Danach wurde ich in ein Bett eines nicht sehr großen Krankenzimmers verfrachtet, und dort schlief ich, ohne mich um Weiteres zu kümmern, umgehend ein.

Mein Schlafbedürfnis war bereits schon seit Beginn der Grundausbildung sehr ausgeprägt und allgegenwärtig, nun hatte ich die Gelegenheit, es zu befriedigen. Und das sogar im Sinne von Gesundung und Genesung.

Erst als ich nach Stunden wieder aufgewacht war, sah ich mich um. Ich war in einem 6-Mann-Zimmer gelandet und machte mich bekannt. Alle fünf Leidensgenossen waren Mariner, alle waren Wehrpflichtige „W 18", nur ich war Offiziersanwärter. Da wurde zwar gleich gefrotzelt, aber natürlich auf die freundliche Art.

Das Zimmer war hell, die Stimmung war gut, nur der bedauernswerte Kamerad vom Bett gegenüber litt still an einer Blinddarm-OP-Wunde, die nicht heilen wollte.

Am nächsten Morgen wurde ich nicht nur von den Sonnenstrahlen, die durchs Fenster bis auf mein Bett fielen, sondern auch von flotter Musik geweckt. Anders als in Glückstadt bekamen wir hier nun die ganze Palette der gängigen Hits serviert. Und erstmals überhaupt nahm ich von einer Band namens „Sonny and Cher" Kenntnis, deren Hit „I got you, babe" bei mir wie ein Blitz einschlug.

Als die Visite kam, durchgeführt von einer ganzen Handvoll an Dienstgraden der niederen und höheren Sanität, wurde mir der Heilungsplan vorgestellt:

Ruhe, wenig Bewegung, und ansonsten nichts wirklich Wesentliches. Die Gesundung sollte überwiegend der Selbstheilungskraft des Körpers überlassen bleiben. Das Loch im Lungenfell werde sich bald schon von selbst schließen, einen Rippenbruch dieser Art brauche man ohnehin nicht zu behandeln, die Hautwunde heile unter dem Pflaster von ganz allein und die in den Pleuralspalt eingedrungene Luft werde im Verlauf der nächsten Zeit auch ohne weiteres ärztliches Zutun verschwinden.

Mit dieser Therapie war ich vollkommen einverstanden. Ich bekam ausreichend gute Kost aufs Zimmer gebracht, konnte schlafen, so viel ich wollte, und als es mir besser ging, nutzte ich das strahlende Juniwetter zu geruhsamen Aufenthalten im Garten hinter dem Gebäude.
Wie ich von hier aus sehen konnte, war das Lazarett nach hinten hinaus mit einem weiteren Flügel versehen. Es war der OP-Bereich, der mir, Gott sei Dank, erspart geblieben war.

Als ich später, und zu Zeiten nach Dienstschluss, bei den Erkundungsgängen, die mich, neugierig wie ich war, durch das ganze Haus führten, auch dort hinkam, konnte ich durch die zur Flurseite hin eingelassenen Fenster manchen Einblick nehmen. Besonders das violette Licht, das dort für eine seltsam gespenstige Beleuchtung sorgte, beeindruckte mich sehr. Wofür das wohl nötig war?

Mit den Kameraden im Krankenzimmer kam ich gut aus, hin und wieder wurde ein Altkranker entlassen, und ein Neukranker kam hinzu. Bis auf mich waren das eher leichte Fälle, nur der „Blinddarm" von gegenüber machte kaum Fortschritte und litt still vor sich hin. Inzwischen war ihm auch das Geld knapp geworden, denn er bot mir seine Armbanduhr zum Kauf an. Anfangs war ich nicht interessiert, da ich eine Armbanduhr hatte und auch keine zweite brauchte, aber auf die Dauer wollte ich den armen Kerl nicht im Stich lassen. So kam ich, Tage später, an eine golden aussehende Uhr der renommierten Firma Anker, für die ich 40 D-Mark gab und diese seitdem zur Schonung der meinen am Handgelenk trug.

Erst fünf Jahre später, in einem ganz anderen Leben, sollte sie ihr Ende finden: Ich war mit einem Skiff auf der Kieler Förde unterwegs gewesen und kenterte danach kurz vor dem Steg in einer Dampferwelle, was bei diesen schlanken Rennbooten durchaus passieren kann. Doch leider hatte ich die Uhr noch am Arm, sie bekam eine Ladung Salzwasser ab, von der sie sich leider nicht mehr erholte.

Bald erreichte mich ein Brief meiner Mutter. Sie war, während der Rest der Familie noch in der Schule war, durch Eilboten über meinem Unfall informiert worden. Sie ging, da ein Telefon im Haus noch nicht vorhanden war, sofort und einigermaßen aufgeregt hinüber zu den Nachbarn, um von dort mit dem Bataillonsarzt zu sprechen. Das Telefonat kam schnell zustande und sorgte sogleich für eine gewisse Beruhigung. Nach Aussage des Stabsarztes bestünde zwar keine Lebensgefahr, aber mit einer Dienstunfähigkeit von drei Wochen sei zu rechnen. Und das gefiel mir gar nicht.

Im Telefongespräch mit dem Arzt hatte meine Mutter sogar nicht umhin kommen können zu erwähnen, dass mir die Grundausbildung „ganz erstklassig gefalle"!

Als ich dies las, kam mir umgehend der Gedanke, dass meine Schilderungen, die ich brieflich übermittelt hatte, vielleicht doch etwas zu sehr interpretiert worden waren. Ja, insgesamt gefiel mir der Dienst zuletzt recht gut, aber gerade zu Anfang, doch oft genug auch später noch, war ich in die Situation gekommen, herzhaft und aus voller Kehle „Scheiße!" schreien zu müssen. Davon hatte ich wohl nicht geschrieben.

Doch jetzt hatte ich angenehme Tage hier in Herzhorn, während die Crewkameraden des 2. Zuges Tag für Tag „rödeln" mussten. Aber von hier aus gesehen, war der Kasernenbetrieb weit weg. Zu Anfang hatte ich Besuch erhalten, es war Konni Hisdorf gewesen, der mich mit Schlafanzug, Waschzeug und sogar mit der kompletten „1. Geige" ausgestattet hatte. Sogar von dem unter dem Bett nur sehr provisorisch deponierten Oliv-Zeug und den schmutzigen Stiefeln war ich auf diese Weise befreit worden. Auch Dziambor hatte sich einmal sehen lassen, um mich mit einigen Apfelsinen aufzurüsten. Doch danach waren die Besuche eingestellt worden, ich kam jedoch auch ohne diese aus. Mir ging es schon ganz gut, und selbst als sich bei mir der Heuschnupfen einstellte, der mich damals schon immer von Ende Mai bis Anfang Juli quälte, da war ich hier am rechten Platz: Ich sagte dem Stabsarzt Bescheid und ließ mir eine Cortisonspritze in den Allerwertesten rammen. Danach war auch dieses Problem gelöst.

Sonntag in Glückstadt: Hausmusik in der Kaserne oder Freizeit „an Land" in der Stadt.

Nach 12 vollen Tagen im „Schlunz" von Herzhorn war es vorbei mit dem Lotterleben, die Entlassung stand bevor. Meine Beschwerden waren vergangen, Schmerzen hatte ich schon lange keine mehr, die Atmung schien wieder voll intakt zu sein, und die Brustwunde war verheilt. Aber ich war froh, dass mir endlich das Monsterpflaster abgerissen wurde, was zwar schmerzhaft war, was mir aber auch den Juckreiz nahm, der mich zuletzt doch sehr gestört hatte. Froh war ich aber auch darüber, dass mein Aufenthalt im Lazarett nun doch nicht volle drei Wochen dauerte, wie vom Bataillonsarzt in Glückstadt vermutet. Da könnte es also durchaus noch etwas werden mit dem erfolgreichen Abschluss meiner Grundausbildung.

Ich verabschiedete mich von den Kameraden des Krankenzimmers, ganz besonders intensiv aber von dem „Blinddarm", dem es immer noch nicht wesentlich besser ging. Was für ein bedauernswerter Kerl! Ich drückte ihm alle Daumen, die ich hatte.

Am Donnerstagmorgen, dem 16.6.1966, wurde ich aus dem Lazarett entlassen und mit dem Routine-Bus zur Kaserne zurück gebracht. Ich meldete mich umgehend zurück beim Spieß auf der Schreibstube im Erdgeschoss von Block SACHSEN, doch der schickte mich sogleich weiter zum Chef der Kompanie, der im Zimmer dahinter residierte.

Kapitänleutnant Schmidt begrüßte mich leutselig. „Da sind Sie ja endlich wieder! Alles wieder klar? Dann können Sie ja gleich in den Urlaub gehen, denn Sie haben drei Tage „zWdG"! Packen Sie ihre Sachen zusammen, von mir aus können Sie schon am Nachmittag los!"

Das war jetzt eine Überraschung. Das Wort „Urlaub" hört sich doch immer gut an, aber was war denn bloß „zWdG"?

Es war, wie mir der Spieß, Hauptbootsmann Stier, erklärte, die Abkürzung für „zur Wiederherstellung der Gesundheit". Es war somit ein Sonderurlaub, der mir jetzt zustand, bei dem aber jeder Tag mitgezählt wurde, auch Sonn- und Feiertage. Aber dennoch war das für mich eine Freiheit von mehr als 3 Tagen am Stück, die, wenn ich das richtig verstanden hatte, am Donnerstagnachmittag begann und erst am Montagmorgen zum Dienstbeginn beendet sein würde! Und diese Zeit sollte ganz sicher ausreichend sein für eine Hin- und Rückfahrt nach und von Völklingen sowie für einen kurzen, aber akzeptablen Aufenthalt zuhause! Ich sagte sofort zu und nahm gleich den Urlaubsschein entgegen.

Aber so schnell ging es dann doch nicht. Auf der Stube traf ich meine Kameraden der 6. Gruppe an, die gerade dabei waren, sich für das Mittagessen fertig zu machen. Es gab ein Großes Hallo und ein freudiges Wiedersehen! Alle hatten die Tage meiner Abwesenheit ohne Schaden überstanden, alle waren gut in Form. Die Schlüssel zum Spind und zum Wertfach wurden mir ausgehändigt, dann zog auch ich mich um in den befohlenen „Anzug Takelpäckchen, Bordschuhe" und marschierte sehr bald danach mit den Kameraden in gewohnter Weise und unter der militärischen Führung des „Unteroffiziers vom Dienst" zur Kantine, um das Mittagessen einzunehmen. Alles war so, wie immer. Als wäre ich keinen einzigen Tag weg gewesen.

Zusammen mit dem Urlaub würde ich zwar 13 Tage komplett versäumt haben, hatte aber tatsächlich nur zehn Ausbildungstage verpasst. Es war zwar ein Unfall im Dienst gewesen, aber die Frage war, ob mir der „Lehrgang Grundausbildung" als bestanden angerechnet werden würde. Noch einmal drei Monate in Glückstadt absolvieren zu müssen, hätte mir jetzt, da ich mich im System Bundeswehr gut akklimatisiert hatte, auch nicht schlecht gefallen, aber ich hätte alle meine Crewkameraden verloren, mit denen ich inzwischen herzlich verbunden war. Und das wäre mir gar nicht recht gewesen. Doch was hatte ich denn tatsächlich verpasst?

Verpasst hatte ich einen NATO-Alarm, bei dem die ganze 5. Kompanie zum Außenhafen marschiert war und per Fähre ans jenseitige Ufer der Elbe übergesetzt hatte, um dort von Fahrzeugen weitertransportiert zu werden. Am Ende der Fahrt war die 5. Kompanie im Bremer Ortsteil Farge gelandet, wo ein am Ufer der Weser gelegenes Öllager und der dazugehörige Schiffsanleger zu bewachen war. Da wäre ich gerne dabei gewesen.

Verpasst hatte ich den Tag, an dem von der Crew IV/66 das Crew-Foto aufgenommen wurde, für das eigens eine Tribüne aufgebaut worden war. Ich werde also nie in der Lage sein, den fotografischen Nachweis zu erbringen, an der Grundausbildung der Crew IV/66 teilgenommen zu haben. Aber da gab und gibt es so viele Nachweise anderer Art, so dass ich dies verschmerzen konnte. Sehr erfreut war ich allerdings trotzdem nicht über diese Unzulänglichkeit, die ich nicht mehr korrigieren konnte und auch später nicht mehr würde korrigieren können.

Verpasst hatte ich leider auch die dreitägige Härteübung in Nordoe, die deshalb so genannt wurde, da dem bereits schon mehrfach absolvierten zweitägigen Aufenthalt am dritten Tag ein 30-Kilometer-Rückmarsch zur Kaserne folgen sollte. Bisher war zwar die längste Strecke, die ich marschiert war, nur 20 Kilometer lang gewesen, ich war aber absolut sicher, dass ich auch diese Strecke gut bewältigt hätte, wenn ich denn dabei gewesen wäre. Aber ich war nicht dabei gewesen, und auch das gefiel mir nicht.

Dass ich jedoch diesen 30-Kilometer-Marsch von Nordoe zurück tatsächlich gar nicht verpasst hatte, wie ich immer glaubte, das sollte ich erst über 50 Jahre später erfahren. Denn der Spielmannszug war, ohne dass ich davon etwas wusste, wieder reaktiviert worden und hatte danach die wichtige und ehrenvolle Aufgabe, alle fünf Kompanien des 3. Marineausbildungsbataillons weit vor Glückstadt in Empfang zu nehmen und diese unter klingendem Spiel in die Stadt zu führen, durch die Stadt hindurch und aus der Stadt wieder hinaus bis in die Kaserne hinein. Und zwar in tadellosem Anzug „2. Geige, blau" mit 2 halben Schlägen und Seestiefeln.

Und um diese Aufgabe bei der 5. Kompanie ausführen zu können, waren die Angehörigen des Spielmannszuges bereits am Abend des ersten Tages der Härteübung von Nordoe wieder zur Kaserne zurück transportiert und erst am Vormittag des dritten Tages an einer Gaststätte in der „Blomeschen Wildnis" so rechtzeitig abgesetzt worden, dass sie für die letzten Kilometer des Marsches die musikalische Führung übernehmen konnten. Da wäre ich aber auch gerne dabei gewesen.

Rückmarsch von Nordoe nach der Härteübung, Marsch durch Glückstadt - zurück in der Kaserne, der Ko-Chef Kapitänleutnant Schmidt nimmt den Vorbeimarsch ab.

Zurück auf der Stube packte ich meinen „BuKo", den blau-grauen marinetypischen Bundesmarinekoffer, bei der 6. Gruppe auch „Beischlaf-Utensilienkoffer" genannt. Der Kompaniechef hatte mir nun tatsächlich den Rest des Tages geschenkt, und diese Stunden wollte ich nicht ungenutzt verstreichen lassen. Ich warf mich in die „Erste Garnitur, blau", zog den Colani über und verließ die Kaserne, ohne dass ich die sonst so unabdingbaren Bekleidungsüberprüfungen durch den UvD über mich hatte ergehen lassen müssen. Auf dem Weg zur Stadt nutzte ich an einer unbebauten Stelle die Möglichkeit, den Deich zu erklimmen und einen Blick auf die Elbe zu werfen, den mir dieser bisher verwehrt hatte. Doch was ich sah, war nichts Weltbewegendes: Freies Grünland bis ans Ufer, einige landwirtschaftliche Großvieheinheiten, wiederkäuend und bei der Milchproduktion, und dahinter ein Strom, der sich an diesem diesigen Tag nicht sehr imponierend zeigte.

Am Bahnhof angekommen, musste ich feststellen, dass der Zug erst gegen 1900 Uhr abfahren sollte. Da gab ich das Gepäck in ein Schließfach und machte mich auf zu einem ausgedehnten Fußmarsch durch die Stadt.

Mein Weg führte mich zurück zum Marktplatz, danach zum Binnenhafen und am Ufer des Außenhafens entlang, ich genoss die Idylle des kleinen Städtchens an der Elbe, und am Ende passierte ich sogar die Gaststätte „Unter den Linden".

Es war das sagenumwobene „UdL", in dem die hübschen Mädchen Glückstadts mit den Matrosen der Kaserne gern und oft das Tanzbein schwangen. Doch ich sah an diesem nur mäßig schönen Donnerstagnachmittag keine einzige davon, und selbst die oft zitierten, berühmt-berüchtigten „Marinewanderpreise" waren nicht zugegen.

I: Glückstadt – das Zentrum

Der historische Glückstädter Marktplatz, auf dem die Vereidigung der Crew IV/66 am 18.5.1966 stattfand. In der Mitte der Kandelaber von 1869, im Hintergrund die Kirche aus dem Jahre 1621.

Vom Marktplatz, einst der Mittelpunkt der Festung, heute der Mittelpunkt der Stadt, gehen 10 Straßen radial und 2 Straßen tangential ab.

Da die Weiterentwicklung zur Unterelbe-Metropole nicht stattgefunden hatte, war Glückstadt unbedeutend sowie überschaubar geblieben und zeigte im Jahr 1966 noch alle Zeichen einer kleinstädtischen Idylle, an der die Zeit ein wenig vorbei gegangen war. Zumindest wirkte das so auf jemanden wie mich, dessen Heimatstadt von Kohle, Eisen und Stahl gekennzeichnet war. :I

Am Außenhafen – Blick zum Südkai

Der Außenhafen, vorn die Marinekutter, hinten die Fähre

Sommersegeln vor Glückstadt:

Blick über Hafenmündung und Elbe, hinten links das Nordende der Insel Rhinplate.

Der Außenhafen, Blick nach Osten zum Innenhafen, die Elbefähre läuft gerade ein. Nur bei Hochwasser war die Absperrung zum Binnenhafen für kurze Zeit geöffnet.

In Hamburg musste ich zum ersten Mal umsteigen, in Hannover zum zweiten Mal. Als ich in Frankfurt a.M. angekommen war, ging es an diesem Tag, der schon fast zu Ende war, nicht mehr weiter.

Erst nach einer langen Pause im Wartesaal 2. Klasse, in dem ich meinen inzwischen schon hörbaren Hunger mit Wiener Würstchen und einem Butterbrot nur sehr mäßig dämpfen konnte, kam ich wieder in Fahrt. Im immer noch von Kriegsschäden gezeichneten Hauptbahnhof von Saarbrücken wechselte ich ein viertes Mal den Zug, um auch die letzten 10 Kilometer zu bewältigen.

Als ich in Völklingen den Zug verließ, da merkte ich sofort, dass ich wieder in der Heimat war. Ruß und Staub waren in der Luft, altbekannte Gerüche umwehten mich, und an meine Ohren drangen die stampfenden Geräusche der nahen Völklinger Hütte, in der 17.000 Stahlkocher rund um die Uhr ihrer Arbeit nachgingen.

Nach einer mehr als 12-stündigen Reise erreichte ich das Elternhaus. Als ich in die Auffahrt einbog, öffnete sich die Haustür wie von Geisterhand, denn in dem Moment strömten die drei Geschwister heraus, gefolgt von dem Vater, der ebenfalls auf dem Weg zur Schule war. Doch dann sahen sie mich.

Welche Überraschung, mich so plötzlich und unerwartet vor sich zu haben! Und was für eine freudige Begrüßung, die im Haus fortgesetzt wurde, als ich zur Mutter in die Küche stürmte!

Nach über zweieinhalb Monaten war ich wieder zuhause. Es wurde ein kurzer, aber sehr intensiver Urlaub in den heimischen Gefilden. Am Freitagnachmittag war die Familie „ganz Ohr", als ich von Glückstadt berichtete. Abends traf ich mich in der Stadt, um mit den ehemaligen Klassenkameraden zu feiern, und am Samstagabend war ich sogar beim Abschlussball dabei, den der Tanzstundenkurs meines jüngeren Bruders zu Ehren der Kursteilnehmer, der Familienangehörigen und deren Freunden gab. Auch meine Eltern waren dabei.

Als Mariner in Uniform war ich im Blick und konnte nicht darüber klagen, zu selten zum Tanz aufgefordert zu sein. Und da war eine junge, etwas dralle Oberprimanerin der Mädchenoberschule, die es ganz genau wissen wollte. Vielleicht war es die Marineuniform, aber vielleicht war es auch nur die besondere Form der Marine-Klapp-Hose, die ihre spezielle Begierde weckte. Am liebsten hätte sie wohl schon auf der Tanzfläche zugegriffen. Doch als ich, angesichts der Eltern und vieler bekannter Gesichter, nicht so „mitzog", wie sie es erhofft hatte, verlor sie bald das Interesse.

Das war vielleicht ganz gut so, denn ich kannte sie von einem Theaterstück in der Aula meines Gymnasiums, bei dem ich vor kaum einem Jahr mitgewirkt hatte. Ich hatte damals nur eine kleine Nebenrolle gehabt, sie aber, zu jener Zeit noch schlanker, war der umjubelte weibliche Star gewesen, dem das Publikum zu Füßen lag. Sie hatte also großen Erfolg gehabt, ganz besonders aber auch bei meinem Klassenkameraden, der nicht nur die männliche Hauptrolle innehatte, sondern auch ihr Gegenpart auf der Bühne gewesen war.

Wie so oft bei Shakespeare geht es um die Liebe, so auch in dem Schauspiel „Wie es Euch gefällt", das damals vor begeistertem Publikum gegeben wurde. Und bei diesem Thema hatte sie brillieren können, allerdings nicht nur auf den Brettern, die die Welt bedeuten, sondern auch abseits davon im Liebesleben. Doch was auch immer vorgefallen sein mochte, die heiße Liaison mit meinem Klassenkameraden war so schnell und so ruckhaft vorbei, dass man sich schon denken konnte, warum. Da wollte ich mich jetzt nicht unbedingt in die lange Reihe ihrer abgelegten Kurzzeit-Liebhaber einordnen.

Gefeiert wurde dennoch, überwiegend an der Bar, sogar mit Schulfreunden aus meiner alten Klasse, die zu später Stunde noch den Weg zum Ballsaal gefunden hatten. Erst als der Morgen graute, war ich wieder zuhause.

Sonntagabend saß ich erneut im Zug. Schöne Tage lagen hinter mir, sogar in meiner Schule hatte ich mich sehen lassen und die neugierigen Fragen meiner ehemaligen Lehrer geduldig beantwortet.

Am frühen Montagmorgen traf ich in Hannover auf die ersten Mariner, die wie ich auf dem Weg zu ihren Einheiten an der Waterkant waren.
Besonders den vielen verschiedenen Mützenbändern galt mein Interesse. Andererseits musste ich feststellen, dass das in meiner Mütze befindliche Mützenband mit der Aufschrift „3. Marineausbildungsbataillon" nur wenig Renommee unter den echten „Seelords" hatte, die den vorgeschriebenen Mützendraht übrigens längst abgelegt hatten und nur noch mit verwegen gebrassten Mützen einher liefen, während die meine immer noch aussah wie ein zu klein geratener Hubschrauberlandeplatz. Nicht nur deshalb wurde ich, als ich den Kontakt suchte, eher mit gelindem Bedauern zur Kenntnis genommen: „Ach, Du bist ja noch in der Grundausbildung, du armes Schwein. Und als OA habt Ihr es sicher doppelt schwer, da werdet Ihr ja bestimmt ordentlich gefickt!"

Für mich war es hochinteressant, überhaupt zum ersten Mal ins Gespräch mit Seeleuten der echten Marine zu kommen, mit Zerstörerfahrern, Schnellboot-„Reitern" und Minensuchbootleuten, die von großen Fahrten bei Sturm und Seegang berichteten. Manches mag wohl übertrieben gewesen sein, „Seemannsgarn" eben, aber Ähnliches würde mir auch bald bevorstehen, sollte ich die Ausbildung in Glückstadt erfolgreich beenden.

Vor Hamburg, bei einem Rundgang durch den Zug, hatte ich drei Crewkameraden getroffen, die wie ich pünktlich zum Dienstbeginn in Glückstadt anwesend sein mussten. Gerüchteweise hatte es sich jedoch herumgesprochen, dass der Anschlusszug nicht nach Glückstadt, sondern nur bis Elmshorn fahren würde. Sollte das tatsächlich so sein, so wäre es für uns vier Crewkameraden schwierig, rechtzeitig in der Kaserne zu sein.

In Hamburg hatte sich die Situation in soweit geklärt: Wir saßen tatsächlich in einem Zug nach Elmshorn, der bis nach Kiel weiterfuhr, ohne in Glückstadt einzulaufen. Wir beratschlagten, was zu tun sei, um der befürchteten Disziplinarstrafe zu entgehen. Da gab es nur eins:

Ab ins Taxi und mit „Brassfahrt" nach Glückstadt düsen!

Vor dem Elmshorner Bahnhof griffen wir uns das nächstbeste Taxi, das wir kriegen konnten. Jeder gab 20 DM, und der Fahrer wurde angehalten, ordentlich Gas zu geben. Mit „Full Speed" ging es durch die „Prärie", vor dem Kasernentor sprangen wir raus, schnappten uns das Gepäck und stürmten, lautstark angefeuert von der Torwache, hinein in die Kaserne. Im Laufschritt um die Ecke von Block SACHSEN. Doch wir sahen es sofort: Wir waren zu spät!!!

Die Kompanie war bereits feldmarschmäßig angetreten, im Kampfanzug mit Gewehr und Stahlhelm, mit Spaten, ABC-Schutzmaske und dem Großen Kampfgepäck. Der Kompaniechef hielt bereits seine Morgenansprache! Wir hetzten heran, in der Gewissheit, eine Disziplinarstrafe zu bekommen. Doch der Ko-Chef drehte sich nur herum und empfing uns mit einem lautstarken „Jetzt aber vorwärts, meine Herren! In 2 Minuten antreten!"

Das klang also nicht nach „Diszi". Da hatte ich aber noch einmal Glück gehabt!

Ich lief die Treppen hoch, riss mir das Blauzeug vom Leib, warf mich in den Kampfanzug, griff nach dem Stahlhelm und dem G3. Dann stürmte ich wieder die Treppe hinunter. Noch im Vorbeilaufen gab ich meine Urlaubspapiere in der Schreibstube ab. Dann trat ich ein ins Glied, gerade rechtzeitig, um mit allen anderen Soldaten der 5. Kompanie die LKWs nach Nordoe zu besteigen.

Keine 48 Stunden später, am frühen Mittwochmorgen, gab es erneut Alarm. Und wieder trat die 5. Kompanie an, wieder wurde der Abmarsch befohlen. Es war noch stockdunkel, als die Hauptwache passiert wurde und nach rechts eingedreht wurde. Wie üblich marschierten wir die Straße am Elbedeich entlang, dann die am Stördeich und zuletzt die am Altendeich. Doch dort, wo wir zuletzt in Richtung Kaserne abgebogen waren, da marschierten wir nun weiter geradeaus. Es war längst hell geworden über der Blomeschen Wildnis, und ein Kilometer nach dem anderen war bereits unter den Sohlen unserer Stiefel dahingeschmolzen wie Butter in der Morgensonne, da erst machten wir erneut einen Kurswechsel. Jetzt sahen wir endlich die Kaserne, noch ganz in der Ferne, aber an Steuerbord voraus. Nanu, wo sollten wir denn diesmal hinmarschieren?

Doch dann kurvten wir erneut einige Male ein, und als wir endlich wieder das Kasernentor passierten, hatten wir volle zwölf Kilometer hinter uns gelassen. Da schmeckte uns das Frühstück ganz besonders gut.

Zugfest. Am Donnerstag, den 23.6. traf sich der gesamte 2. Zug im Gasthaus FORTUNA. Das hieß diesmal: Mit Zugführer Dziambor und allen Unteroffizieren, aber erst nach Dienstschluss, doch bei so angenehm sommerlicher Temperatur, dass das Fest bis zum Schluss unter freiem Himmel auf dem Rasen des Vorgartens stattfinden konnte. Auch diesmal gab es Spanferkel vom Grill, auch diesmal floss das Bier in Strömen, ich jedoch hielt mich etwas zurück, denn meine gerade erst wiedergewonnene Dienstfähigkeit wollte ich nicht aufs Spiel setzen. Und noch wusste ich nicht, ob das Thema „Grundausbildung" für mich ein gutes Ende finden würde.

Der Höhepunkt des Abends war gekommen, als die in aller Heimlichkeit erstellte Bierzeitung verlesen wurde. Danach griff Obermaat Schrum von der 5. Gruppe zur Gitarre, es wurde gesungen, und selbst der ganz in Zivil gekleidete Zugführer Leutnant zur See Dziambor zeigte entspannte Gesichtszüge.

I: Aus der Bierzeitung der Zeit-Offiziersanwärter:

Zehn kleine ZOAs, die ballerten sich ein'n,
der eine ist vom Tisch gefallen,
da waren 's nur noch neun!
Neun kleine ZOAs, die gingen auf die Wacht,
der eine fiel vorm Haupttor um,
da waren 's nur noch acht!
Acht kleine ZOAs, die pullten übern Rhin,
der eine fiel da außenbords,
da waren 's nur noch sieb'n!
Sieben kleine ZOAs, die feudelten die Decks,
einer rutscht auf 'm Feudel aus,
da waren 's nur noch sechs!
Sechs kleine ZOAs, die hatten keine Strümpf',
doch zum Alarm, da kam ein Marsch,
da waren 's nur noch fünf!
Fünf kleine ZOAs, die gingen längs der Pier,
der eine ging in'n „Klabautermann",
da waren 's nur noch vier.
Vier kleine ZOAs, die war' n am Exerzieren,
der eine muss um 'n Ex-Platz kreisen,
da waren 's noch drei von vieren.
Drei kleine ZOAs, die zogen durch Nordoe,
der eine fiel ins Russenloch,
da waren 's nur noch zwo.
Zwei kleine ZOAs, der eine, der hieß Heiner,
überlegt es sich, wird BOA,
da waren 's nur noch einer.
Ein tapfrer ZOA, vom 4. Zug, ein kleiner,
verkroch sich in sein Kampfgepäck,
da blieb von zehnen keiner. **:I**

Zugfest im Garten des Gasthauses FORTUNA:
Im Vordergrund der nicht sehr kleine Spießbraten,
über offenem Feuer gegrillt, von Hand gedreht.

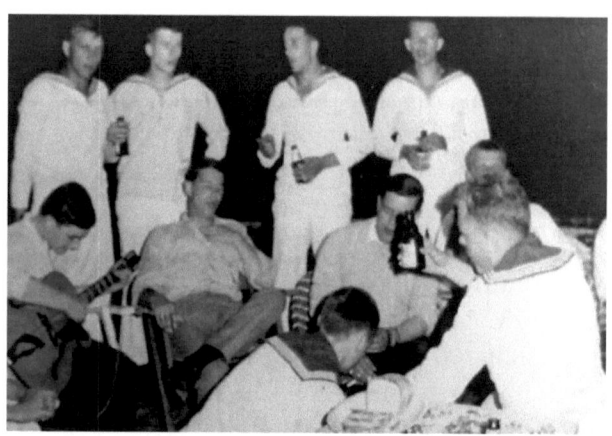

Am Freitag, am Tag danach, war niemand vom 2. Zug traurig darüber, dass es wieder zum Bootshafen ging. Doch während sich die Gruppen 5, 7 und 8 in Richtung der Kutter orientierten, um sich auf der Elbe den Alkohol aus den Knochen zu schwitzen, trabte die 6. Gruppe auf Anordnung von Obermaat Kohl zur großen Bootshalle. Was wollten wir denn da?

Doch dann war es klar, es sollte diesmal nicht ein Kutter sein, der von uns mit Schwung bewegt werden sollte, sondern ein Schlauchboot.

Der große, dunkel gummierte Schwimmkörper wurde mit vereinten Kräften ins Wasser geschoben und besetzt, dann kam der Befehl: „Paddel Marsch! - Kurs Rhin aufwärts!"

Das Boot kam in Fahrt, die Kameraden der 6. Gruppe saßen auf den Gummiwülsten zu beiden Seiten, zogen die Stechpaddel gleichmäßig durch das Wasser des Rhin, und am Heck steuerte Obermaat Kohl. Wir kamen gut voran, keine Welle behinderte uns. Wir passierten die Papierfabrik, und von rechts drangen wieder einmal die stampfenden Geräusche der Maschinen ans Ohr, die mich auch jetzt wieder an jene der Völklinger Hütte erinnerten, die ich vor wenigen Tagen noch gehört hatte.

Wir passierten die gedeckte Laufbrücke, die die Werkhallen der Südseite mit den Verwaltungsgebäuden der Nordseite verband, dann die beiden Straßenbrücken. Wir paddelten immer weiter, die Häuser hatten wir längst hinter uns gelassen, jetzt waren es nur noch Wiesen und Weiden, die uns umgaben. Dann, einige Kilometer später, kam das Kommando: „Paddel halt!"

Wir hoben die Stechpaddel aus dem Wasser und warteten auf den Befehl zur Rauchpause, der sonst in solchen Momenten immer bei unserem Gruppenführer Kohl kam. Doch der Befehl kam nicht.

So driftete das Schlauchboot ganz gemächlich dahin, nur von einem kaum spürbaren Wind vorangetrieben. Die Sonne schien warm und hell, eine fast unwirkliche Stille umgab uns im weiten Rund. Mein Blick streifte über das Gras der Wiesen, das im grünsten Grün erstrahlte, das je ein solcher Frühsommertag zur Zeit des Vormittags zur Verfügung stellen kann. Und darüber zeigte sich ein wolkenlos blauer Himmel, in dem die Lerchen kreisten und ihre Lieder trällerten. Was für ein Augenblick, der nicht friedlicher hätte sein können!

Es mögen tatsächlich nur wenige Minuten gewesen sein, die auf diese Weise vergingen, doch bei mir fühlten sie sich fast endlos an.
Ich hatte eigentlich fast nicht mehr damit gerechnet, doch endlich kam das Kommando: „Rauchpause! Feuer frei!" Dann klickten die Feuerzeuge, und nur zögernd kamen die Gespräche in Gang.

Montag, 27.6.1966: Das einzige, was erwähnenswert war und Erinnerungswert hatte an diesem Tag in der Kaserne von Glückstadt, war jene rauschende Geburtstagsfeier, die nach Dienstschluss in den beiden Räumen der 6. Gruppe begangen wurde. Der Tag war zuvor mühelos absolviert worden, doch danach wurde der Geburtstag des Matrosen OA Ehlers gefeiert. Er hatte noch von der letzten Wochenendheimfahrt her Wein im Spind, den er jetzt „auf die Back warf". Und als der ausgetrunken war, half ihm der immer gutgelaunte John aus, der ebenfalls etliche Flaschen Wein zum alsbaldigen Verbrauch von zuhause mitgebracht und danach im Spind gebunkert hatte für einen gegebenen Anlass wie diesen.

Es ging hoch her, und der Abend dauerte lange, denn die Sache mit dem Befehl „Ruhe im Schiff, Licht aus!" war jetzt nicht mehr so ganz aktuell. Und so begab es sich, dass Ehlers und einige Kameraden der 6. Gruppe auf die glorreiche Idee kamen, sich noch nach Mitternacht und unerlaubterweise im Wasser des Kasernenschwimmbads zu verlustieren. Die Idee griff um sich und traf auf reges Interesse, sogar bei den Nachbargruppen.

Und um es gleich zu sagen, ich war nicht dabei. Aber vielleicht hatte das für mich auch sein Gutes, denn im Überschwang der Gefühle von Geburtstag und Ende der Grundausbildung rutschte Hisdorf auf dem nassen Beton aus, schlug unglücklich mit dem Kopf auf und trug eine heftig blutende Platzwunde davon.

Da war ein nächtlicher Besuch im Revier unumgänglich.

Mit dem Montag war die letzte Woche in Glückstadt und in der Grundausbildung angebrochen. Das Motto der Woche, das in der Nähe der Schreibstube am Schwarzen Brett angeschlagen war, lautete immer noch:

„Nicht nachlassen!"

Noch immer dasselbe Motto? Nicht nachlassen? Doch dann bemerkte ich die kleine Korrektur an der Schrift: Das „l" war von einem humorigen Kameraden zu einem „f" umgeformt worden. Nun hieß das Motto also nicht mehr „Nicht nachlassen!", sondern: „Nicht nachfassen!"

Und „nachfassen" bedeutete in der Umgangssprache der damaligen Bundeswehr nichts anderes, als sich zu einer längeren Dienstzeit weiterzuverpflichten.

Doch was das „Nachlassen" anging, so hatte ich den Eindruck, dass das Nachlassen schon längst begonnen hatte. Irgendwie war „die Luft raus", jetzt standen nur noch solche Dinge im Raum, die notwendigerweise zu erledigen waren: das Gewehr abgeben, die Ausrüstung abgeben, dazu den schönen, aber nicht benutzten Parka und den ebenso unbenutzten Feldanzug. Und überhaupt, es wurde so ziemlich alles abgegeben, was nur irgendwie mit der Farbe „Oliv" zu tun hatte.

Es war eine Freude, zu sehen, wie der sonst so prallvoll gestopfte Spind leerer und leerer wurde. Und wir gaben alles gerne ab, in bester Laune und mit dem Gefühl einer grenzenlosen Erleichterung.

Am Ende blieben uns von der Kleidung außer Socken und Unterwäsche nur noch das Marine-Blauzeug, die Takelpäckchen samt Bordschuhen und die Seestiefel. Allerdings, das für uns so nützliche Bordmesser durften wir behalten.

Alles, was uns danach noch blieb, sollte nun problemlos in den großen Seesack passen, der tatsächlich das einzige Oliv-Ausrüstungsstück war, das uns erhalten blieb.

Als wir die Lehrgangsabschlussbeurteilung erhielten, da konnte ich ganz zufrieden sein. Mein erzieltes Ergebnis war zwar nur so „là là", aber von der unfallbedingten Absenz war keine Rede mehr. Eine gewisse Rolle mag bei dieser Entscheidung auch gespielt haben, dass ich mich nicht ein einziges Mal ins Revier abgemeldet hatte.

Der Spielmannszug, in dessen Reihen neben mir noch die Crewkameraden Fahlbusch, Zietemann, Leibbrand, Britz, Tegtmeyer und Sobick vertreten waren, hatte endgültig sein Ende gefunden und war aufgelöst worden. Die Jungs der „Kanonen-Truppe", zu denen die Crewkameraden Zietemann, von Hennig und Stockmayer gehörten, hatten aber noch ihren Auftritt. Die Kanone war also rechtzeitig fertig geworden und bekam nun ihren Ehrenplatz an der Stirnseite von Block SACHSEN. Sie war seitdem ein bedeutender Blickfang an der Hauptstraße der Kaserne.

Diese Kanone, ein hölzerner Nachbau eines antiken Schiffsgeschützes, war ein Geschenk der Crew IV/66 an die Kaserne, die uns 3 Monate so „fürstlich" beherbergt hatte. Angeblich hatten unsere Vorgänger-Crews diesen Brauch eingeführt, und da wollte sich die Crew IV/66 nicht „lumpen lassen".

auf der Stube der 11. Gruppe

Die „Crew-Kanone" – das Geschenk der Crew IV/66 an die Glückstädter Kaserne, hier beim Dokumentationsfoto

Der Crewkamerad Eggert erwähnte mir gegenüber, dass zuletzt auch ein Hauptmann vom Heer bei unseren „Landkampf-Bemühungen" dabei gewesen war, denn offensichtlich war man an höherer Stelle doch nicht ganz sicher, ob das, was die Marine so bei ihrem „Marine-Buschkrieg" fabrizierte, tatsächlich den diesbezüglichen Vorschriften entsprach. Was sonst noch als Gerücht umherging war, dass bei der Härteübung der offene DKW Kübelwagen vom Typ Munga des Kompaniechefs von einer Schlange heimgesucht worden sei. Sollte es so gewesen sein, so hätte es sich dabei nur um eine Kreuzotter handeln können. Da hätte der Chef sicher seine Freude gehabt, wenn er gebissen worden wäre. Aber darüber sagte das Gerücht nichts aus, woraus man schließen kann, dass „dem" nicht so war.

Noch etwas gab es, das mir der Crewkamerad Dorandt berichtete. Es ging dabei um einen Vorfall beim Schießen mit der Maschinenpistole UZI in Basten:

Als ein Matrose des 4. Zuges bei der Schussabgabe auf die Scheibe eine Störung an seiner Maschinenpistole bemerkte, drehte er sich um, hielt dem Maat die Waffe vor den Bauch und machte vorschriftsmäßig Meldung: „Herr Maat, melde Ladehemmung!"
Der Unteroffizier sprang, mit einem Schrei auf den Lippen, ruckartig seitwärts, um aus der Schussbahn eines sich vielleicht doch noch lösenden Schusses zu gelangen. Dann erst geriet der Aufschrei zum Anschiss 1. Ordnung.

Selbstverständlich völlig zu Recht, denn diese Episode hätte tatsächlich dramatisch enden können.

Des Weiteren erzählte mir der Crewkamerad Bluhm die Geschichte seines ersten „Landgangs" nach der Vereidigung:

Zu dritt fuhren wir, selbstverständlich in der Matrosenuniform „Wäsche achtern", da die zivile Kleidung längst nach Hause geschickt und deshalb nicht verfügbar war, zum vor den Toren von Hamburg und direkt am Ufer der Elbe gelegenen Gasthaus „Schulauer Fährhaus", in dessen Kaffeegarten sich die weithin bekannte Schiffsbegrüßungsanlage befindet. Dort wurden und werden auch heute noch die ein- und auslaufenden Schiffe per Lautsprecher mit der jeweiligen Nationalhymne begrüßt und die Daten der Schiffe, soweit vorhanden, bekannt gegeben.

Wir liefen stolz und vielleicht etwas breitbeiniger als sonst durch dieses kaffeeduftgeschwängerte Gartenareal und fühlten uns als richtige Matrosen, die wir seit der Vereidigung auch waren. Plötzlich kam uns ein Mann in Marineuniform entgegen, mit je drei goldenen Streifen an den Ärmeln: Ein Korvettenkapitän!
So nahe vor uns hatten wir einen solch hohen Dienstgrad noch nie gesehen. Wir standen stramm und grüßten zackig.
Doch der „Herr Korvettenkapitän" winkte uns nur amüsiert lächelnd zurück und verschwand in seiner Kabine, wo er die Schallplatte mit der nächsten Nationalhymne auflegte. Es war zumindest der fehlende Stern über den goldenen Ärmelstreifen, der uns hätte sagen müssen: Trotz der nahezu perfekten Uniform - das ist hier nur der Disk-Jockey!

Zu guter Letzt und noch bevor wir uns zum Glückstädter Bahnhof aufmachten, gab uns Obermaat Kohl, der es möglicherweise noch hätte erleben können, eines Tages unter dem Befehl eines seiner jetzigen Untergebenen zu stehen, den definitiven Rat mit auf den Weg: „Sollten Sie jemals in ein ernsthaftes Gefecht geraten, dann immer ... „aufs Bein schießen!" ... „Aufs Bein?" „Aber klar doch, aufs Brustbein, aufs Nasenbein, aufs Stirnbein ...!"

„Danke, Herr Obermaat! Wir werden uns daran halten!"

Der Bahnhof von Glückstadt

Da die CREW IV/66 personell eine außergewöhnliche Stärke hatte, die es niemals zuvor gab und danach auch niemals wieder geben sollte, erfolgte zwangsläufig deren Aufteilung am letzten Tag der Grundausbildung in zwei gleichstarke Hälften, teilweise gemäß der Einordnung in Berufs- und Zeitoffiziersanwärter, und darüber hinaus auch nach den Anfangsbuchstaben des Nachnamens. Die einen, zu denen ich gehörte, bestiegen die Eisenbahn nach Bremerhaven mit dem Fahrtziel TECHNISCHE MARINESCHULE 2, die anderen den Zug nach Kiel, um den Dienst auf der GORCH FOCK anzutreten.

Die anschließende Planung sah für die Crew IV/66 so aus: Nach drei Monaten und Beendigung der Islandreise sollten die Kieler Gorch-Fock-Fahrer nach Bremerhaven versetzt werden, um den technischen Grundlehrgang zu absolvieren, und im Gegenzug die „Bremerhavener" nach Kiel, um an Bord des Segelschulschiffs GORCH FOCK die 23. Auslandsausbildungsreise anzutreten, die nach Madeira, Casablanca und Lissabon gehen sollte. Von Portugal aus sollte danach die Rückreise nach Kiel mit dem Schulschiff RUHR erfolgen. Beide Crew-Hälften sollten danach in Kiel auf Schulschiff DEUTSCHLAND wieder zusammengeführt werden, um danach auf eine 140-tägige Weltreise zu gehen.

Und all das, was uns damals nur als unsicherer Plan bekannt wurde, trat später ein. Diese Reise wurde in der Tat eine der besten Ausbildungsreisen, die je von der Bundesmarine unternommen wurden. Sie berührte sechs Länder, führte uns bis in den Pazifik, überquerte den Äquator in der Nähe der Galapagos-Inseln und hatte ihren Umkehrpunkt im westkanadischen Vancouver. Zuletzt wurden sogar für sechs lange Tage die Bermudas angelaufen.

Rückblick:

Ich, aber auch die allermeisten meiner Crewkameraden der Crew IV/66 gingen damals zum Bund, um entweder einen Lebensberuf zu erhalten oder um, so wie ich, von zu Hause los zu kommen und sich für eine gewisse Zeit den Wind des Lebens um die Nase wehen zu lassen. Doch einmal die Waffen, mit denen wir im Laufe unserer Dienstzeit bei der Marine in enge Bekanntschaft kamen, ernsthaft gebrauchen zu müssen oder gar an einem Krieg teilzunehmen, daran dachte absolut niemand. Für mich galt eigentlich nur der Grundgedanke, jenseits des bereits Gesagten, zur See zu fahren, die Welt kennen zu lernen und dabei das eine oder andere Abenteuer zu bestehen. Aber vielleicht auch, um etwas Geld zu verdienen für eine spätere, zivile Ausbildung von Wert.

Auch noch viele Jahrzehnte später kann ich nur sagen: Gut, dass alles so gekommen ist, wie ich es mir einstmals vorgestellt hatte. Ich schied nach diesen vier Jahren als Leutnant zur See aus, doch erst viele, viele Jahre später und nach sechs ausgedehnten Wehrübungen wurde ich mit Dank und dem Dienstgrad eines Kapitänleutnants endgültig aus der Marine entlassen. Zurück blieb eine über 3-jährige Seefahrt auf großen und kleinen Schiffen, wie sie kaum hätte besser sein können. Und dazu hatte ich auch ausreichend genug Geld verdient, um sorgenfrei das Studium aufzunehmen. Alles war richtig gewesen, nichts war falsch.

Nachtrag:

Was ist eigentlich geworden aus den 13 Kameraden der 6. Gruppe/ 5. Kompanie/ 3. Marineausbildungsbataillon, die im April des Jahres 1966 in der Kaserne Glückstadt zusammenfanden?

- **Fähnrich z. S. Welsch** verließ die Crew schon früh und schied nach 18 Monaten, die als Wehrpflicht angerechnet wurden, mit dem Dienstgrad eines Bootsmanns aus. Als studierter Ingenieur für Brauereiwesen dürfte er in seinen alten Beruf zurückgekehrt sein.
- **Monte, Warnick, John und v. Hennig** wurden erfolgreiche Berufsoffiziere.
- **Schmidt** wurde ebenfalls Berufsoffizier, starb aber leider schon früh als Starfighter-Pilot bei einem Absturz.
- **Hisdorf** wurde Architekt mit eigenem Architekturbüro,
- **Schmalz** wurde promovierter Architekt,
- **Steuber** wurde Jurist bei einer großen Versicherung,
- **Ehlers** wurde ebenfalls Jurist und ging am Ende als Leitender Oberstaatsanwalt in den verdienten Ruhestand,
- **Johnigk** wurde Facharzt für Orthopädie und zeitweilig Chef einer ReHa-Klinik.
- **Weißpflog**, neben Monte der zweite Berliner in der Gruppe, wurde Arzt für Gynäkologie,
- **Blatt**, der Autor, war nach dem Studium 38 Jahre als Zahnarzt in Schleswig-Holstein tätig, davon 26 Jahre als niedergelassener Zahnarzt in einer Einzelpraxis und danach 10 Jahre als Senior-Chef und Inhaber einer Doppelpraxis.

Marktplatz mit Kirche und Kandelaber

Partie am Binnenhafen

Epilog:

Wenn ich heute, über 50 Jahre nach der Grundausbildung im zweiten Quartal des Jahres 1966, durch Glückstadt und Umgebung streife, so muss ich doch feststellen, dass sich sehr viel verändert hat. Ob immer zum Besseren, das sei dahingestellt.

Im Jahr 1974 wurde das Lazarett Glückstadt-Herzhorn aufgegeben, die Gebäude gingen in private Hand.
Im selben Jahr wurde das 3. Marineausbildungsbataillon aufgelöst, doch die Kaserne blieb in Benutzung, bis die Marine im Jahr 2004 aus Glückstadt abzog.
Seitdem steht die Kaserne am Neuendeich 49 leer oder wird in einer Weise genutzt, für die sie nie gedacht war.
Das Haus, das einst die bei allen Marinern so beliebte Gaststätte FORTUNA beherbergte, ist nun ein ansehnlich renoviertes und sehr respektables Wohnhaus.

Der „neue Deich", der einst der Straße den Namen gab, ist nicht mehr vorhanden, er wurde beseitigt, nachdem das damalige Deichvorland für den Stadtteil Butendiek eingedeicht worden war.
Die windschiefen Bauernhäuser an der Ausfallstraße nach Norden sind alle verschwunden und haben neu erbauten Einfamilienhäusern Platz gemacht.
Die Straßen nach Nordoe sind in besserem Zustand, aber der Truppenübungsplatz ist geschlossen. Er ist heute ein Naturschutzgebiet. Und nicht viel anders erging es der einstigen Standortschießanlage Basten.
Der Bootshafen am Rhin ist kaum noch zu erkennen und sogar die markanten Hallen der Firma „J. & H. Gehlsen" existieren nicht mehr im Außenhafen.

Die Papierfabrik Temming am Ufer des Rhin besteht immer noch, sie ist sogar deutlich größer und moderner geworden. Sie firmiert heute unter dem Namen Steinbeis.

Die alten Bootsstege im Glückstädter Außenhafen haben sich ebenfalls in einen großen und modernen Yachthafen verwandelt, der gerne von Segel- und Motorbooten aus nah und fern angelaufen wird. Aber eine nennenswerte Schifffahrt von wirtschaftlicher Bedeutung gibt es kaum noch im Außenhafen, seit die Elbfähre die Landungspier dort aufgegeben hat. Jetzt steuern die sehr viel größer gewordenen Fährschiffe auf dem Weg von Wischhafen einen Anleger weit nördlich der Stadt an.

Glückstadt selbst, vor allem aber die Innenstadt und der Bereich um den Binnenhafen herum, hat sich mit den Jahren zu einem wahren Kleinod entwickelt. Die Stadt lebt heute zum einen von der Nähe zu Hamburg, aber zum anderen auch vom Tagestourismus. Und dem wurde in ganz besonderem Maße Rechnung getragen durch die gut gelungene Wiederherstellung des historischen, aber für lange Zeit verschütteten Fleths. Auch wenn heute die Boote nicht mehr vom Binnenhafen direkt bis zum Marktplatz fahren können, wie sie es früher taten, so unterstreicht dieser ansonsten kaum nutzbare Kanal doch Glückstadts Charakter als alte See- und Hafenstadt.

Die Marine ist zwar abgezogen und hat sicher eine große Lücke hinterlassen, aber geblieben ist eine wunderbare, in Teilen sogar malerische Kleinstadt am rechten Ufer der Unterelbe, in der auch jetzt noch die Zeit ein wenig stehen geblieben zu sein scheint.

In memoriam

Leutnant zur See Dziambor machte Karriere in der Marine und ging nach mehr als 40 Dienstjahren als Kapitän zur See in den wohlverdienten Ruhestand.

Maat Thiele von der 7. Gruppe des 2. Zuges wurde Obermaat und danach Bootsmann. Als solcher versah er seinen Dienst weiterhin in der Glückstädter Kaserne und zwar im Bataillonsstab vorn im Frontgebäude.

Obermaat Heins wurde nach der Bundeswehrzeit in den öffentlichen Dienst übernommen. Der Crewkamerad Stümer, der es nach insgesamt 25 Wehrübungen noch zum Fregattenkapitän der Reserve bringen sollte, schilderte das Zusammentreffen so:
Als ich im Jahr 1992 während einer Wehrübung und deshalb in Uniform meinen Wagen ummelden wollte und meinen Namen nannte, ertönte eine altbekannte Stimme aus dem Hintergrund: „Stümer, alte Napfsülze, was machst Du denn hier?". Es war der ehemalige Obermaat Heins, einst Gruppenführer der 8. Gruppe des 2. Zugs.
Als dieser herangekommen war und des Crewkameraden ansichtig wurde, korrigierte er sich umgehend:

„Entschuldigung, Herr Kap´tän!"

Offensichtlich war die Grundausbildung nicht nur für die Rekruten ein einschneidendes Erlebnis, sondern auch für die Ausbilder. Denn wie kann es sonst sein, dass nach solch einer langen Zeit, die seit 1966 vergangen war, ein Unteroffizier einen Matrosen der Nachbargruppe an der Stimme erkennt?

Als meine Bruder Lothar eineinhalb Jahre nach mir, im Oktober 1967, ebenfalls wie ich für vier Jahre zur Marine ging, traf er auf meinen vormaligen Gruppenführer OMt. Kohl, der die 5. Kompanie in Glückstadt verlassen hatte, aber in der Kaserne verblieben und nun im Bereich der Kleiderkammer tätig war. Als meine Bruder seinen Namen genannt hatte, fragte Obermaat Kohl:

„Haben Sie noch einen Bruder bei der Marine?"
Als diese Frage bejaht wurde, fragte OMt Kohl weiter:
„Haben Sie noch einen weiteren Bruder?"
Als mein Bruder, ohne sich große Gedanken darüber zu machen, auch diese Frage bejaht hatte, riss OMt. Kohl sich das Schiffchen vom Kopf, knallte es auf den Boden und trampelte mit dem rechten Fuß wild darauf herum. Dann sagte er zu meinem Bruder, der diese Reaktion einigermaßen konsterniert verfolgte: „Wenn der auch noch zur Marine geht, dann dreh´ ich durch!"

Ja, so war Obermaat Kohl, und seine Reaktion war genau diejenige, die damals in der Marine hin und wieder, aber auch nicht wirklich ernsthaft zur Anwendung kam, wenn man so etwas wie Erschütterung, Verwunderung, Über-raschung, Erstaunen und vielleicht auch eine Form der Verblüffung oder gar der Fassungslosigkeit in Sprache und Gestik nachhaltig zum Ausdruck bringen wollte. Und genau das tat Obermaat Kohl, als er den Namen BLATT hörte. Was auch immer der Grund gewesen sein mag, der Name war ihm in Erinnerung geblieben, mög-licherweise auch deshalb, weil mein Bruder, ebenso wie ich, beim Spielmannszug angeheuert hatte. Und zu den „Puffmusikern" des Spielmannszugs schien Kohl ein ganz besonderes Verhältnis gehabt zu haben.

Es muss um das Jahr 1980 herum gewesen sein, als der besagte Crewkamerad Stümer, im Zivilberuf als Lehrer im höheren Schuldienst tätig, gebeten wurde, in Hamburg die Umschulung an einer Berufsschule zu leiten. Es ging dabei um eine Umschulungsmaßnahme an der Berufsschule für Schifffahrtskaufleute.

Am ersten Tag der Maßnahme stellte sich u.a. auch ein Herr Kohl aus Glückstadt vor. Danach entspann sich das folgende Gespräch:

„Sind sie etwa Heini Kohl aus Glückstadt?"

„Ja!"

„Herr Obermaat, ich war damals bei Ihnen im Zug, in der 7. Gruppe!"

Es war tatsächlich so, dass der Zufall ein Wiedersehen herbei geführt hatte. Doch es war ein Wiedersehen, das am Ende tragisch verlief.

Der Obermaat d.R. Kohl, der immer noch in Glückstadt wohnte, musste wegen der Umschulung täglich mit dem Zug von Glückstadt nach Hamburg fahren und abends wieder zurück. Dabei geriet er, wie im Hamburger Abendblatt berichtet wurde, im Bahnhof Altona in eine Schießerei. Obwohl er völlig unbeteiligt war, wurde er beim Schusswechsel getroffen: Durchschuss durch das Gesäß!

Es war zwar „nur" eine Fleischwunde, dennoch verstarb Kohl bald danach an dieser Verletzung. Er wurde kaum mehr als 40 Jahre alt. Was für ein bedauernswertes Schicksal! Und ein ganz trauriger Fall von: „Zur falschen Zeit am falschen Ort ..."

Die 8. Gruppe im „Stillgestanden!"

Für mich ... war die Kampfbahn ein Ort voller Graus.
In voller Fahrt laufend glitt ich im Stolperdraht aus.
Ich stürzte und fiel nach links vorn in den Dreck,
die Rippen beschädigt, die Luft blieb mir weg,
es schmerzte, als bissen mich Alligatoren!
Doch ... bei der Marine geht keiner verloren...

Wir pullten die Kutter bei kalt und bei warm,
und morgens um 4 ... war öfters mal NATO-Alarm.
Es folgten dann Märsche ... rund um die Kaserne,
im Gleichschritt, ich machte das damals ganz gerne!
Schon fuhren die Bauern mit ihren Traktoren,
doch ... bei der Marine geht keiner verloren...

„Nicht nachlassen!" war das tägliche Motto,
der Zeugdienst auf Stube dagegen wie fröhliches Lotto.
Befehl war, zu laufen und niemals zu geh'n!
Wir schliefen zu wenig, doch manchmal im Steh'n,
mit Vorliebe aber ... bei unsren Pastoren.
Doch ... bei der Marine geht keiner verloren...

Die Wellen bezwingen, die See zu erfahren,
war Traum und wurd' wahr für eine Reihe von Jahren.
Mariner in Glückstadt, verdammt lang ist 's her,
doch seitdem bin ich begeistert von Wasser und Meer.
Selbst heute noch ... bin ich der Seefahrt verschworen,
denn ... bei der Marine geht keiner verloren ...